持続可能な未来のための教職論

監修┃諏訪哲郎　編著┃降旗信一・小玉敏也

学文社

〈執筆者〉

諏訪　哲郎	学習院大学	[はじめに]
降旗　信一	東京農工大学	[序章・第1章・おわりに]
小玉　敏也	麻布大学	[序章・第2章・おわりに]
鈴木　隆弘	高千穂大学	[第3章]
松葉口玲子	横浜国立大学	[第4章]
石川　一喜	拓殖大学	[第5章]
岩本　　泰	東海大学	[第6章]
柴田彩千子	東京学芸大学	[第7章]

はじめに―監修の言葉

　この本を手に取ったあなたは,「教育」とか「学校」とか「先生」について,どのようなイメージをもっているであろうか。たぶん,これまでの小中高校(あるいは予備校)での経験から,「教育や学校や先生というのはこんな感じかな」と自分なりのイメージを語れることだろう。しかし,この本を読んだら,あるいはこの本を教科書とする授業を受けたとしたら,「えーっ,これからの教育や学校や先生はこんなに変わるんだ!」という驚きを感じるにちがいない。それとともに,さまざまな課題をかかえている教育の現場に立ち向かうには強靭さも必要かもしれないけれども,他者への気遣いといった「しなやかさ」も求められているのだということを理解していただけることと思う。

　今,世の中がものすごいスピードで変化していることは,きっと,あなたも実感していると思う。でも,あなたより少しばかり(正確には相当)早く生まれた私は,より大きな変化をより多く経験してきている。たとえば,1982年度の「教養演習」という授業の締めくくりとして学生とともに作成した冊子は,鉛製の活字を一文字ずつ拾って打ち込んでつくったものであった。ワープロで漢字や仮名文字を入力できるようになったのは,ほぼ30年前からである。もう1つの痛烈な記憶は10年後の1993年。アメリカの研究者とエアメール(航空便)で情報のやり取りをしていた何回目かの手紙の末尾に,「手紙での往復は時間がかかるので,これからはE-mailを使いませんか。私のアドレスは…」と書かれていた。「えーっ? E mailっていったい何?」 日本でもパソコンはぽちぽち普及しはじめていたが,まだインターネットでつながれていなかったので,当然ながらE-mailを受信することも,発信することもできなかった。インターネットで世界中が結ばれたのは約20年前のことである。それが今では,小学生が当然のごとくスマホを使いこなして,さまざまな情報に

i

アクセスしている。

　この30年ほどの間に，私たちの社会や私たちをとりまく環境は激変したが，学校教育の基本的な姿は変わっていない。教育方法だけはこの30年で「知識注入型」から「学習者中心の学び」に徐々に移行しているが，日本の場合，基本的な教科の枠組みは1世紀半，教員養成制度も3分の2世紀の間，変わっていない。世の中には変わらなくてよいものもあるが，学校教育が変わらなかった，変われなかったことの歪みがあちこちに表れている。日本の高校生（大学生も？）の6割が学校以外でほとんど勉強しないとか，日本の教員の勤務時間がOECD加盟国の平均よりも4割も多い，といった看過できない事態が生じている。

　このような世の中の大きな変化に対応できていない学校教育に対して，文部科学省でも，また文部科学大臣の諮問機関である中央教育審議会でも，改革に積極的に取り組みはじめている。そのことを象徴するキーワードを2つあげるとすると，「アクティブ・ラーニング」と「持続可能な社会」であろう。

　「アクティブ・ラーニング」という言葉は，2014年11月に文部科学大臣が次の学習指導要領について中央教育審議会に諮問したA4版で4ページほどの文章のなかに4回も登場しており，学校教育の世界に衝撃を与えた言葉である。そこでは，「課題の発見と解決に向けて主体的・協働的に学ぶ学習」と説明されている。「アクティブ・ラーニング」という言葉は，それに先立つ2014年3月に，中央教育審議会高大接続特別部会が提示した審議経過報告ですでに登場しており，そこでは「教員による一方向的な講義形式の教育とは異なり，学修者の能動的な学修への参加を取り入れた教授・学習法の総称」と注記している。要は，これまでのような受動的（passive）な学び方から能動的な学び方への転換が求められており，教授方法，教育方法についても旧態依然とした姿からの大きな脱皮と飛躍が必要だということである。

　もう1つのキーワードである「持続可能な社会」は，すでに現行の学習指導要領でも数か所で登場しているが，次期学習指導要領ではより一層強調されるようである。次期学習指導要領では高大接続改革（主に大学入試改革）に関す

る 2015 年 12 月の中央教育審議会答申を反映して，高等学校の科目編成や学習内容の大幅な見直しが見込まれている。2015 年 8 月に文部科学省が発表した新しい教科科目の素案では，たとえば高等学校の新科目「歴史総合」で，育むべき「資質・能力」の 1 つに「持続可能な社会づくりに参画する態度」があげられたり，「地理総合」の科目イメージとして「持続可能な社会づくりに必須となる地球規模の諸課題や，地域課題を解決する力を育む科目」と書かれたりするなど，「持続可能な社会」が随所に登場している。温暖化などによる生態系の持続可能性の危機のみならず，少子高齢化にともなう地域社会の持続可能性が危機にさらされている日本で，持続可能性が教育の中心的な課題に浮上してくるのは当然のことであろう。

　持続可能性にかかわる教育に対する名称としては，「持続可能な発展（開発）のための教育（ESD=Education for Sustainable Development）」「持続可能性のための教育（EfS=Education for Sustainability）」「持続可能性の教育（Education on Sustainability）」など，いくつかが流布しているが，本書のタイトルはそのうちの 1 つである「持続可能な未来ための教育（Education for Sustainable Future）」を意識した『持続可能な未来ための教職論』となっている。執筆者たちの未来社会を切り拓く教員養成のあり方への熱い思いが込められているように感じている。

　本書を通して，あなた自身のなかに，新しい課題への挑戦に満ち溢れた「未来の教職」に自分自身が立ち向かうのだという新たな意欲が湧き上がることを願っている。

諏 訪 哲 郎

目　次

はじめに──監修のことば　i

序　章　持続可能な未来のための教職論へ ───── 1
- 序-1　教育職員免許制度とこのテキストの意図　1
- 序-2　教員養成制度の現状と課題　3
- 序-3　なぜ「持続可能な未来のための教育」か？　6
- 序-4　本書の構成と特徴　12

第1章　持続可能な未来のための教育の理解に向けて ───── 14
- 1-1　人間, そして自然をどうみるか　14
- 1-2　教育の歴史をどうみるか　20
- 1-3　教育の法制度をどうみるか　26

第2章　持続可能な未来のための教育方法論 ───── 36
- 2-1　「教育」から「学習」への転換　37
- 2-2　〈学習者主体〉論の系譜　39
- 2-3　学習方法の革新　45
- 2-4　参加型学習　54

第3章　持続可能な未来のための教育課程 ───── 56
- 3-1　カリキュラムの必要性　56
- 3-2　教育課程　62
- 3-3　第7次改訂の学習指導要領　69
- 3-4　環境教育と持続可能な未来のための教育　71
- 3-5　持続可能な未来のためのカリキュラムに向けて　74

第4章 グローバル・スタンダード時代における学力／能力 ―― 78
―ケアリングとジェンダーの視点から―
- **4-1** グローバル・スタンダード時代における学力／能力　78
- **4-2** 「ケア」への着目とジェンダー視点からの再考　85
- **4-3** 「もう1つの教育」としてのケアリングと持続可能な未来のための教育　91

第5章 持続可能な未来のための教師論 ―― 97
- **5-1** "持続不可能"な教育現場の実状　98
- **5-2** これまで「教師」はどのように語られてきたか　100
- **5-3** 国際社会での語られ方―グローバル人材　108
- **5-4** 新しい教師像としてのファシリテーター　111

第6章 学校から地域を俯瞰する―学校（文化・地域）論― ―― 115
- **6-1** 近代教育学における学校論はどのように変遷してきたのか　115
- **6-2** 「学びの共同体」としての学校　119
- **6-3** 「地域に根ざした学校」を考える　124
- **6-4** 集い，語らい，未来を描く学校をめざして　127

第7章 持続可能な地域社会における学校 ―― 135
- **7-1** 地域コミュニティと学校　135
- **7-2** 地域コミュニティと学校との連携を前提とした取り組み　140
- **7-3** 地域が支えるESDの実践　145

おわりに―学校と教師の未来に向けて　154

関連資料　161
索　引　180

序　章
持続可能な未来のための教職論へ

序-1　教育職員免許制度とこのテキストの意図

　このテキストは，大学で教育職員免許状を取得しようとする学生の皆さんを読者として想定している。教育職員免許制度は，教育職員免許法（1949年制定）や同施行令，同施行規則に基づき，設計，運用されている。そこでは，教育職員とは，学校教育法に定める幼稚園，小学校，中学校，高等学校，中等教育学校および特別支援学校（以下，学校）の主幹教諭，指導教諭，教諭，助教諭，養護教諭，養護助教諭，栄養教諭および講師（以下，教員）と記されている。日本国において，学校で教員として幼児・児童・生徒の前に立つためには，特別な例外を除いて教育職員免許状を有していることが必要である。現在の制度上，教育職員免許状は，普通免許状，特別免許状および臨時免許状に大別されており，普通免許状は，学校（中等教育学校を除く）の種類ごとの教諭の免許状，養護教諭の免許状および栄養教諭の免許状とされている。さらに，それぞれ専修免許状，一種免許状および二種免許状（高等学校教諭の免許状にあっては，専修免許状および一種免許状）に区分されている。そして，教育職員免許状は，幼稚園，小学校については，それぞれ幼稚園教育職員免許状，小学校教育職員免許状として授与され，中学校と高等学校については，各教科について授与される。つまり，このテキストの読者の皆さんが大学卒業と同時に手にしようとしている免許状は，「小学校教育職員普通免許状」や「中学校一種普通免許状（理科）」などのいずれか1つまたは複数ということになる。自分がどの免許を取得しようとしているのかは，教職履修者としては第一に認識しておくべきことといえる。

　こうしたそれぞれの教育職員普通免許状を取得するためには，大学卒業など

1

表 0.1 教育職員免許法別表第一に規定する幼稚園，小学校，中学校又は高等学校の教諭の普通免許状の授与を受ける場合の教職に関する科目（単位数は省略）

第一欄		教職に関する科目	右項の各科目に含めることが必要な事項
最低修得単位数（単位数は省略）	第二欄	教職の意義等に関する科目	教職の意義及び教員の役割
			教員の職務内容（研修，服務及び身分保障等を含む。）
			進路選択に資する各種の機会の提供等
	第三欄	教育の基礎理論に関する科目	教育の理念並びに教育に関する歴史及び思想
			幼児，児童及び生徒の心身の発達及び学習の過程（障害のある幼児，児童及び生徒の心身の発達及び学習の過程を含む。）
			教育に関する社会的，制度的又は経営的事項
	第四欄	教育課程及び指導法に関する科目	教育課程の意義及び編成の方法
			各教科の指導法
			道徳の指導法
			特別活動の指導法
			教育の方法及び技術（情報機器及び教材の活用を含む。）
			教育課程の意義及び編成の方法
			保育内容の指導法
			教育の方法及び技術（情報機器及び教材の活用を含む。）
		生徒指導，教育相談及び進路指導等に関する科目	生徒指導の理論及び方法
			教育相談（カウンセリングに関する基礎的な知識を含む。）の理論及び方法
			進路指導の理論及び方法
			幼児理解の理論及び方法
			教育相談（カウンセリングに関する基礎的な知識を含む。）の理論及び方法
	第五欄	教育実習	
	第六欄	教職実践演習	

の基礎資格を有し，かつ，大学等において所定の単位を修得しなければならない。「所定の単位」は，教科に関する科目，教職に関する科目，教科または教職に関する科目に大別され，免許状の種類ごとに必要な最低単位数が定められている。幼稚園，小学校，中学校または高等学校の教諭の普通免許状の授与を受けるための科目のうち，教職に関する科目を表0.1に示す。

　このテキストは表0.1の第二欄「教育の意義等に関する科目」のうち「教職の意義及び教員の役割」に関する事項に対応するものである。これまで，「教職」のテキストは数多く刊行されてきた。このテキストは，現代を教育史上の大きな転換点にあると考える筆者らが，新しい時代の価値観に基づく教職のあり方の提起として，その新しい教職観を「持続可能な未来」というキーワードに託して，未来の教職の担い手である読者諸君に問うことを意図している。

序-2　教員養成制度の現状と課題

　筆者らは，現代の教職教育に新たな視角からの提言をしたいと考えており，それは現行の教員養成制度の発展構想にも関連する。まずは以下の文部科学省の説明に従って現行の教員養成制度の課題を確認するとともに，このテキストでこれらの課題をどう乗り越えようとしているのかを述べる。まず文科省ウェブサイトに示される現行の教員養成制度の課題についての記述を確認する（以下，次頁の表まで文科省ウェブサイトより引用[1]）。

　日本の教員養成は，戦前，師範学校や高等師範学校等の教員養成を目的とする専門の学校で行うことを基本としていたが，戦後，幅広い視野と高度の専門的知識・技能を兼ね備えた多様な人材を広く教育界に求めることを目的として，教員養成の教育は大学で行うこととした（「大学における教員養成」の原則）。また，国立・公立・私立のいずれの大学のいずれの学部・学科でも，教員免許状取得に必要な所要の単位に関する科目を開設し，学生に履修させることにより，制度上等しく教員養成にたずさわることができることとした（「開放制の教員養成」の原則）。

　これらの原則は，質の高い教員の養成や，戦後のわが国の学校教育の普

及・充実，社会の発展などに大きな貢献をしてきたが，戦後半世紀以上を経た現在，大学の教員養成のための課程（以下，教職課程）については，以下のような課題が指摘されている。

> 1）平成11年の教養審第三次答申において，各大学が養成しようとする教員像を明確に持つことが必要であるとされながら，現状では，教員養成に対する明確な理念（養成する教員像）の追求・確立がなされていない大学があるなど，教職課程の履修を通じて，学生に身に付けさせるべき最小限必要な資質能力についての理解が必ずしも十分ではないこと
> 2）教職課程が専門職業人たる教員の養成を目的とするものであるという認識が，必ずしも大学の教員の間に共有されていないため，実際の科目の設定に当たり，免許法に定める「教科に関する科目」や「教職に関する科目」の趣旨が十分理解されておらず，講義概要の作成が十分でなかったり，科目間の内容の整合性・連続性が図られていないなど，教職課程の組織編成やカリキュラム編成が，必ずしも十分整備されていないこと
> 3）大学の教員の研究領域の専門性に偏した授業が多く，学校現場が抱える課題に必ずしも十分対応していないこと。また，指導方法が講義中心で，演習や実験，実習等が十分ではないほか，教職経験者が授業に当たっている例も少ないなど，実践的指導力の育成が必ずしも十分でないこと。特に修士課程に，これらの課題が見られること
>
> 　また，教員免許制度についても，これまで免許状の種類の見直しや「教職に関する科目」の充実など，逐次，改善・充実が図られてきたところである。しかしながら，平成16年10月の文部科学大臣からの諮問の際の説明でも指摘されたように，教員免許状が教員として最小限必要な資質能力を保証するものとして評価されていないことや，専修免許状の取得が学校現場で必ずしも十分評価されていないこと等，様々な制度的課題が生じてきている。
>
> 　特に近年，学校教育をめぐっては，＜中略＞，これまでの専門的知識・技能だけでは対応できない本質的な変化が恒常的に生じており，教員免許状が保証する資質能力と，現在の学校教育や社会が教員に求める資質能力との間に，乖離が生じてきている。

　以上の説明は3点に要約される。課題の第一は，教職課程において「養成する教員像」を明確にすることが求められているという点である。このテキストがめざす「養成する教員像」は，「持続可能な未来のための教育を担う教員」である（詳細は後述する）。その第二は，「教科に関する科目」や「教職に関す

る科目」などの科目間の内容の整合性・連続性が図られておらず，教職課程の組織編成やカリキュラム編成が十分に整備されていないという点である。教員養成を第一の目的としない学部（教育学部以外の学部）では，とりわけこの点は課題といえるが，筆者らは，教職カリキュラム編成の責任者・担当者として，まず「教育原理」「教職概論」「教育制度論」「教育方法技術論」といった「教職に関する科目」に関する複数の科目の内容を，「持続可能な未来のための教育」という共通の教育構想に基づき構築することをめざしており，またそこでの議論を「教科に関する科目」の教員たちとも共有させることをめざしている。教員養成制度の課題の第三は，大学の教員の研究領域の専門性に偏した授業が多く，学校現場がかかえる課題に必ずしも十分対応していないことである。この点について，筆者らは，教職経験を有する教職課程教員と「持続可能な未来のための教職教育」の研究会を設立し，「現場」教育の専門家との共同研究を通して，学校現場がかかえる課題を念頭におきながら教職教育に取り組もうとしている。

　教職教育において「養成する教員像」は，先の文科省「教員養成制度の現状と課題」で述べられているように教員養成に直接責任を有する各教員養成機関，すなわち大学・学部ごとの特性や役割との関係で議論すべきものだが，同時にこれらの議論は，教育機関全体とこの教育機関のあり方に一定の責任を有する社会全体としてのその時代の教育に対する価値観，すなわち教育観に基づいている。この教育観を確立するためには，その教育が計画化され，実践される時代，いわば現代という時代をどうみるかという世界観（地球観，国家観，歴史観）についての一定の理解の共有が必要となる。つまり，「養成する教員像」を明確にするうえでは，教育観の確認が必要であり，世界観の理解のないところには教育観は成立しえないということである。

　筆者らが教職教育で養成したいと考える「養成する教員像」は「持続可能な未来のための教育の担い手」であり，その教育観は，「持続可能な未来のための教育」である。筆者らは，現代を教育史上の大きな転換点にあると考えているが，その「持続可能な未来のための教育」とはいかなるものなのかを世界観

をふまえて確認したうえで，表0.1の第二欄に相当する「教職の意義及び教員の役割」のあり方として示すことが，このテキストの目的といえる。

序-3 なぜ「持続可能な未来のための教育」か？

　このような教員養成制度のもとで，皆さんは教師になるために必要な教育内容にかかわる科目の単位を取得したうえで，初めて教育職員免許状を取得することができる。その過程で，自らの教育観を確認し，洗い直し，新たにつくり直す作業を経験することになるだろう。本書が提起する「持続可能な未来のための教育」は，その作業の重要な指針となると確信している。では，持続可能な未来のための教育とは，いったいどのような教育なのか。この教育が切り拓く未来の展望について基本的なコンセプトと歴史の観点から論じることにする。

　この教育は，〈持続可能性（＝Sustainability）〉という概念を基軸としており，グローバル，グリーン，ネットワークという3つの視点から特徴づけることができる。19世紀の産業革命以来の人間活動は，先進国の大量生産・大量消費・大量廃棄という資源（石炭・石油・天然ガスなど）蕩尽型のシステムを基盤としており，それが途上国の環境破壊，紛争，食料不足，貧困・健康などの深刻な問題を産み出してきた。そもそも〈持続可能性〉とは，このままでは地球全体が「持続できない」という危機意識から導き出されてきた概念である。この現状に実感がわかないときは，具体的な事実を想定してみるとよい。たとえば，パーム油は，多国籍企業が東南アジアの広大な原生林を切り開いて植林したアブラヤシからつくられた製品で，即席麺，スナック菓子，冷凍食品などの原材料として幅広く使用されており，日本人の食生活に深く浸透している。しかし，天然林が伐採されたことで，現地の生物多様性が破壊され，住民間の紛争を引き起こし，先住民族の文化をも衰退させ，気候変動の問題にまで発展している。つまり，日本人が豊かな生活を送ろうと思えば，途上国の環境，文化，平和にかかわる諸問題を深刻化させ，それを解決していかないことには世界全体が持続できない時代に入ったのである。パーム油は1つの典型であって，そのような事例はほかにもたくさんある。現代は人・モノ・情報が瞬時に世界を駆け巡

るグローバル社会のなかにあり，多くの人々がそれゆえの便利さや利益を享受できる一方で，グローバル化したがゆえに被害にあい不利益を被る人々の数のほうが圧倒的に多いといわれている。したがって，これからの学校教育は，世界の人々と協調しつつグローバルな諸課題をともに解決し，ともに学んでいかざるを得ないのだ。

　この持続可能な未来のための教育は，これまでとはまったくちがう考え方で世界の諸課題にアプローチする。20世紀の学校が資源蕩尽型の社会に対応し，多国間の戦争に影響を受けたグレー（灰色）教育を行ってきたとしたら，21世紀の学校は環境保全型の社会を創り世界の平和と人権を尊重するグリーン（緑色）の教育に転換していくべきであろう。現に，2012年にリオデジャネイロで開催された国連持続可能な開発会議（リオ＋20）では，環境・経済・社会の均衡ある発展を図る「グリーン経済」という考え方が合意され，途上国と協力しつつ食料・水・エネルギー・海洋・気候変動・生物多様性の問題の解決を図る教育の重要性が確認された。踏み込んでいえば，20世紀の地球的危機をつくってきた責任の一端をこれまでの教育が担ってきたとすれば，21世紀はその負の遺産から脱出し，収奪されてきた環境（人・自然・社会）の持続可能性を最優先に考える教育を構築していかないかぎり，未来は展望できないのである。

　しかし，持続可能な未来のための教育は，けっして夢物語の教育ではない。なぜなら，近年の国内外の教育政策のなかで，すでにその胎動が始まっているからである。たとえば，2006年に改訂された教育基本法のなかに，「生命を尊び，自然を大切にし，環境の保全に寄与する態度を養うこと」（第2条第4項）という一項目が加わった。日本政府が公式に〈環境〉を政策として位置づけたのは1993年の環境基本法制定時からであり，その点だけをみれば本法制定から教育基本法改訂まで13年間もの年月を要していることを「遅い」と指摘することもできよう。だが，制定以降60年間一切改訂されてこなかった教育基本法の性格（とくに日本国憲法との関係）やそれにかかわる諸議論を思えば，2006年のこの改訂をめぐってさまざまな批判や問題点の指摘があることを想

起しつつも，日本の教育において，この第5条第4項を含む大きな転換がなされつつあることは確かであろう。もう1つは，国際連合において2005～2014年に「国連持続可能な開発のための教育（Education for Sustainable Development=ESD）の10年」（以下，ESDの10年）が展開され，日本を含む加盟国がその推進を図ってきたことである。「ESDの10年」の基本的なビジョンとは，「あらゆる人々が教育の恩恵を受け，持続可能な未来と社会の変革のためにもとめられる価値観や態度やライフスタイルを学ぶ機会のある世界」の構築であり，その目的は，①持続可能な開発に共同で取り組む際，教育と学習が中心的な役割を果たすことを明確にする，②ESDにおけるさまざまな当事者の間で，二者間のつながりやさらに広範なネットワークの構築，相互交流や相互作用を促進する，③あらゆる学習と公共意識の形成を通して，持続可能な開発への移行とその展望を詳細に進めるための場と機会を用意する，④ESDにおける教育と学習の質の向上に努める，⑤それぞれの段階での学習者の力量を高めるための戦略を開発するの5つである。またESD国際実施計画では，キー概念でもある〈持続可能な開発（= Sustainable Development）〉について，「この概念は進化を続ける」との前提のうえで，その重要な領域として，「社会」「環境」「経済」を掲げており，同時にこれらの基礎的要素が「文化」であるとしている。さらに，ESDは基本的に価値観を問題にするものであって，その中心におくべきものは現在および将来世代を含む他者，差異と多様性，環境，地球資源などの尊重であり，その特徴は，「学際的でホリスティックな学び」「価値観を導くもの」「批判的思考と問題解決」「多様な手法」「意思決定への参加」「地域からみて適切であること」とされている。またESDの視点は，世界が直面しているすべての緊急的課題，すなわち人権，平和と安全保障，ジェンダー間の平等，文化的多様性と異文化理解，健康，HIV/AIDS，ガバナンス，自然資源，気候変動，農村地域の変容，都市問題，災害防止，貧困問題，企業の社会的責任（CSR），市場経済などを含んでいる。

　このように，日本国内での教育基本法改訂と国際社会で提起された「ESDの10年」という2つの教育思潮は，〈環境〉や〈持続可能性〉といった新しい

時代の価値観に基づく教育のあり方を探求することの必要性を裏づけるものといえる。そして，本書では「持続可能な未来のための教育」を，世界各国で実践されてきた ESD をモデルとして位置づけ，それをさらに発展させる概念として提起している。

その ESD は，全国の学校でどのように実践されてきたのか。

ESD は，主にユネスコスクール加盟校のなかで普及してきた。それが急速に広がったのは，2008 年の教育振興基本計画と学習指導要領に「持続可能な社会の構築」などの文言が入った時期からである。この年を境に，ESD の普及過程を 3 期に分けて説明したい。

第 1 期は，第 57 回国連総会で「ESD の 10 年」が提言された 2002～2004 年で，ESD の草創期である。この時期，ESD-J などの市民団体が学校関係者を対象としたテキストを制作して普及・啓発活動に取り組んできた。当然のことながら，それまで ESD の名称がついた実践はなかったため，既存の教育実践を ESD の視点から解釈して幅広く市民に紹介するという姿勢をとった。

第 2 期は，2005～2007 年で，ESD の実験的な実践期である。前期の啓発活動に触発されて，一部の意識の高い学校が実験的に取り組んだ。たとえば，ESD の理念に基づく学校づくりをテーマに掲げて教科横断的な授業に取り組んだ奈良教育大学附属中学校の実践，国連大学の RCE（＝Regional Centers of Expertise on Education for Sustainable Development）の枠組みで仙台広域圏の拠点となった気仙沼市の小中学校の実践，「ESD カレンダー」という教育課程編成の方法を開発した東京都東雲小学校の実践などが，現在の学校 ESD の基礎をつくった実践として評価できるだろう。

第 3 期は，2008～2014 年の学校 ESD 実践の拡大期である。第 2 期に引き続き，ESD が一連の教育政策（教育振興基本計画・学習指導要領）に位置づけられた影響は大きく，実践に取り組む教育関係者が増加してきた。この時期は，個々の学校による取り組みだけでなく，金沢市，奈良市，多摩市などの自治体全体で取り組む拠点方式が拡大したことが特徴で，自治体内および自治体間をネットワーク化して授業に取り組む事例が増えた。しかし，量的な拡大がみら

れた一方で,「どうすればESDになるのか」「総合的な学習とESDのちがいは何か」など,各学校はESDの「質」をめぐる模索期に入ったともいえる。

　以上の普及過程を振り返ったときに,ESDには,いくつかの傾向が認められる。それは,①地域の特色を生かしながら,学校と地域・民間団体・行政・企業などとの連携をもとに実践を展開してきたこと,②「ESDカレンダー」が普及し,教科と総合的学習を緊密に関連させた教育課程編成が普及したこと,③総合的学習では,環境教育を中心とする教育課程を編成している学校が多いことである。このように,全国各地には持続可能な未来のための教育につながる実践を展開してきた実績がすでにあり,それらは世界の諸課題を学校周辺の地域の諸課題とつないでとらえ,多様な人・モノ・こととネットワークを築きながら教育活動を展開してきたのである。今後も,ESDは全国の学校に少しずつ広がっていくにちがいない。

　さて,このグローバル,グリーン,ネットワークという特徴をもつESDが,持続可能な未来のための教育に発展していくには,さらにもう1つの特徴をもたなければならない。それは,ケア(Care)という考え方である。これは,病人・老人・子どもなどの社会的に弱い立場にある人間や,飼育された動植物,希少な野生生物などの非人間がかかえる悲しみや苦悩に共感しながら繊細な心でかかわっていくという新しい教育学の用語である。ESDに象徴される教育活動は,グローバルあるいはローカルな諸課題の解決を図ることで,持続可能な社会が構築できるという前提に立っていた。しかし,そのような社会とは,どのようなイメージなのだろう。そのヒントになるのが,図0.1(宮崎駿のイラストを参考に作図)である。

　図0.1では,緑に包まれるように住宅,商店,病院,神社,銀行,学校などが建てられ,低炭素・エネルギー循環型の生活のなかで,住民同士が幸せに暮らす地域がつくられているように見える。道はくねくね曲がり,所々に子どもが遊べる路地や広場があり,この街の一番いい場所に学校や保育園が建っているという。この地域の病院は,子どもたちが自由に出入りするホスピスとなっており,〈生〉に満ちた子どもたちが〈死〉を迎える高齢者の施設で,会話し

ふれ合うなかで相互にケアされている。この街は，将来の日本の未来を予測する高齢者中心の街だが，そこは同時に子どもたちが夢中で遊びたくなる街でなくてはならないという。つまり，街の〈持続可能性〉に「よく生きる（=well-being）」という考え方がしっかりと根付いているのだ。この世界では，20世紀のように高層ビルや高速道路が建設され目覚ましい経済成長が望まれる大都市中心の社会ではなく，人口減・高福祉・環境保全・低成長・資源循環などに対応した小規模なコミュニティで構成される社会が望まれている。

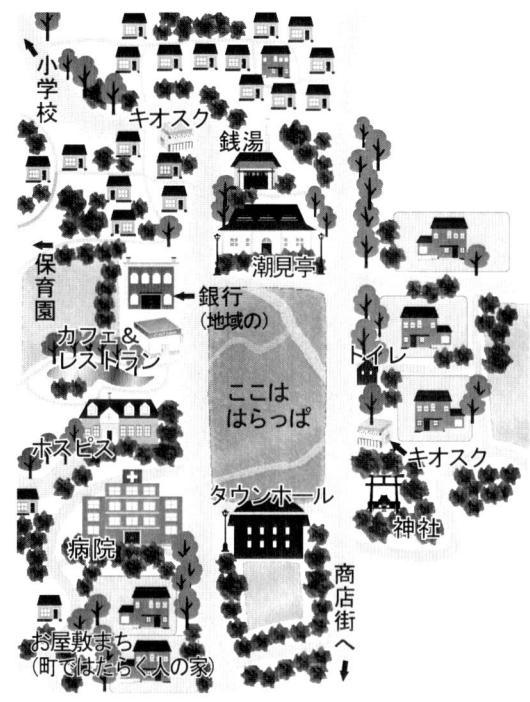

図0.1　イートハーブ住宅街
出所：養老孟司・宮崎駿『虫眼とアニ眼』新潮社，2008年を参考に作成

　私たちは，実は心の奥底で宮崎駿が描いたような社会を待ち望んでいるのではないだろうか。1つのイメージに固定化するのはよくないが，持続可能な未来のための教育とは，たとえばこのような社会や地域を，大人と子どもが協働して創りあげ，多様な人々や生物と交流することによって心が豊かになり，ケアの眼差しで世界を見つめ直す「人財」を育てていくことが究極の目的となる。そのときに，これまでの学校教育で自明視されてきた，ハードとしての学校・教室・校庭が大きく姿を変えるかもしれないし，ソフトとしての教育活動・教師の授業・地域の資源もとらえ方を根本的に変えなければならないかもしれない。本書は，従来のオーソドックスな教職概論とずいぶん趣きを異にしている

が，あえて斬新な提案をすることで，これから教師になる皆さんに「教育を変えよう」という強い意志と「よい教育を創りたい」という希望をもってもらいたいと思う。

序-4　本書の構成と特徴

以上のような考え方をもとに，本書はこれからの学校教育を持続可能な未来に転換していくための視点を提案している。

以下の章は，第1章「教育原論・制度論」，第2章「教育方法論」，第3章「教育課程論」，第4章「学力論」，第5章「教師論」，第6章「学校論」，第7章「学校と地域の連携論」という構成になっている。従来の学校教育は，目標―内容―方法―評価という構成をふまえて研究・実践されてきたはずで，それに従えば教育原論（「教育」の基本的なとらえ方）の次に学力論（子どもが身につける力量の内容」）を配置しなければならない。しかし，21世紀の学校教育を展望するときに教育方法論（「学び方」を学ぶ／「学び方」に思想がある）が重要な位置を占めると考え，あえて第2章にすえることにした。これが本書の特徴の1つである。

2つ目の特徴としては，学校教育学のスタンダードをわかりやすく説明しながらも，その枠組みを超えた「とんがった議論」をなるべく紹介することにした。これは，本書の執筆者が環境教育・開発教育・消費者教育などの，学校の授業でいえば総合的な学習の時間についての研究に強い関心をもっているためで，教科教育専門の研究者とはちがった視点から学校教育の改革を構想しているためである。このような異なる研究領域の執筆者が一堂に会して教員養成の本を執筆できたのは，前述のESDという考え方が2000年代初頭に登場したからこそである。その意味で，〈持続可能性（＝Sustinabillity）〉は多様な考え方を1つにまとめる傘のような役割をしているわけだ。

3つ目の特徴は，本書の執筆者は〈持続可能性（＝Sustinabillity）〉という共通項だけでなく，佐藤学が主導する「学びの共同体」論という考え方に共鳴しているという点である。詳細はあとの章で説明されるが，持続可能な未来のた

めの教育に込められた思想をキーワードで表せば，協同／協働，未来，参加，グローバルなど，「学びの共同体」論が大切にしてきた教育観と重なる点が多い。また，持続可能な未来のための教育を各学校現場で具現化していくときに，それは「学びの共同体」実践と見分けがつかなくなる可能性もあるだろう。その意味で本書は，国際的な教育運動・政策のなかで発展してきたESDが，国内のみならず東アジア諸国で実践を積み上げてきた「学びの共同体」実践と結び合い，持続可能な未来のための教育へと発展していく可能性を探る第一歩としてとらえることもできるはずだ。

　本書を読んで，柔らかいハートと眼差しで，21世紀の学校教育を展望し新しい教師になることを志してほしい。

読者のための参考文献
- 佐藤学・木曽功・多田孝志・諏訪哲郎編著『持続可能性のための教育』教育出版，2015年
- 小玉敏也・福井智紀編著『学校環境教育論』筑波書房，2010年
- 佐藤真久・阿部治編著『ESD入門』筑波書房，2012年

注
1）http://www.mext.go.jp/b_menu/shingi/chukyo/chukyo0/toushin/attach/1337002.htm（最終アクセス 2014.2.9）

第1章
持続可能な未来のための教育の理解に向けて

　本章では，持続可能な未来のための教育のあり方を考えるうえで基本となる「人格」「成長・発達」「自然・環境」「教育の歴史」「教育の法制度」などについて概観する。これらは第2章以降で取り上げる「学力」「カリキュラム」「学習」「教師」「学校」「地域」などについての議論を行う際の土台となるものである。

　教育は，教職の初学者であっても，誰もがそれに接した経験をもっており，それについて自らの実体験に基づき語ることのできるテーマである。いっぽう，教職課程履修者として教育を学ぶということは，これまでの自身の経験や知識から少し距離をおいて，「自分にとっての教育」から，「万人にとっての教育」という，すなわち科学として教育をとらえなおすことにほかならない。このような教職履修者（あるいは教員免許保持者）としての教育観を身につけるために，その基本的視座である人間観，自然観，歴史観，社会観などを確認することが本章のねらいである。

1-1　人間，そして自然をどうみるか

(1) 人格とは何か

　皆さんは，「教育の目的とは何か」と聞かれたらどう答えるだろうか。この問いへの答えの1つは，「人格の完成」というものである（教育基本法第1条にもそう書いてある）。だがこういわれて，「はい，そうですか」と即座には納得しがたいだろう。「人格」といわれても，それは具体的に形の見える事物をさすわけではないからイメージしにくい。「完成」といわれても，それは通常，時間的概念であり，「建物の施工から完成」のようにある目的意識的な行為に

おける時間の経過による対象物の変化の最終段階を示す言葉だから，その変化するものがつかめない以上，やはりイメージがむずかしい。

　そこで，こう考えてみてはどうだろう。先ほど，人格は形の見える事物ではないといったが，これをひとまず人間（ヒト）ととらえる。学校であれば生徒一人ひとりである。そう考えれば姿形ははっきり見えてくる。つぎに，その一人ひとりの人間を2つの面からみてみる。1つは人間を物質の塊や反応としてみることである。人間は，生物個体として，有機物（炭素と水素と酸素の結合体）と無機物とで構成されており，さまざまな生物化学的な反応を起こしている。すなわち人間の1つの見方は身体的物質的存在であるということである。もう1つの見方として，人間の心に注目することができる。心は物質として取り出してみることはできないが，人間の行動や生き方や思考や性格に大きな影響を及ぼす。人間は誰もが心をもっている。すなわち，人間を精神的存在としてとらえることができる（私たちにはその仕組みはまだよくわかっていないのだが，実は心だって物質的反応かもしれない。そうだとしても，ここでは身体と心とはひとまずわけて考えたい）。

　このように人間とは，身体的存在であり，同時に精神的存在でもある。人格とは，この身体（からだ）と精神（こころ）の結合としての人間のことと考えればよい。人間を人格としてみることは教育固有の人間の見方といってよい。その人格を「完成させる」とはどういうことだろうか。ここでは時間のプロセスをイメージするとよい。すなわち一人の人間が誕生するとき，その人の人格の形成が始まるといってよいだろう。これが出発点だ。そうなるとゴールは，その人が生命としての活動を終えるとき，すなわち死を迎えるときとなる。もし，人間が身体的存在としてのみ扱われるのであれば，私たちはそのゴールである死に対して「完成」という言葉を使用することを適切とは思わないだろう。しかし，ある一人の人間が，幼少期，青年期，成人期といったその人生のなかで，その時々の自分の課題と向き合い，自分の未来に向かってその課題を乗り越えようとして何らかの学習活動を行い，自らの人格を目的意識をもって変化させようと努力し，その成果として，実際にその人の人格に変化が生じたのだ

としたら，私たちは，それを1つの段階的到達と呼ぶことができる。さらに，その段階的到達が繰り返され，その人の人生の最終段階に達したときには，その人の人格に対して「完成」という言葉を使うことに違和感を覚えないであろう。身体的存在としてのみの人間であれば人生の最終段階を「完成」とはいわないが，身体と精神の結合としての人格だからこそ「人格の完成」と呼ぶことができるのである。そして，人間がある目的をもって意識的に自分自身の人格を変化させようとする際，その人間の行為を私たちは学習と呼び，さらに社会やほかの人間が，その学習しようとする人間にその目的が達成されるように働きかける行為を私たちは教育と呼ぶ。学習を行う人間を学習者，教育を行う人間を教育者と呼ぶ。教育や学習は目的意識をもった行為であるから，教育や学習を行おうとする人間は，誰か他人の意思で行動する成り行きまかせの客体ではなく，自らの意思で行動するその行為の主体である。そうした意味で，学習者を学習主体，教育者を教育主体と呼ぶこともある。同じ一人の人間があるときは学習者（学習主体）となり，あるときは教育者（教育主体）となる。あるテーマに関する学習サークル活動で参加者がお互いに教え合い，学び合うような空間では，学習と教育とが同時に成立していることもある。

（2）人格の成長・発達に必要なものは何か—人間と自然・環境—

つぎに，人格の特徴的な動きである成長・発達[1]について考えてみよう。教育において成長・発達という場合は，ここでも人格がその対象となる。したがって，身体的な成長・発達のみならず精神的な成熟も成長に含めて考えることになる。人間は，身体的にも精神的にも成長・発達する。この成長・発達と教育との関係をより具体的にとらえるために，一人の人間の成長・発達を，「子どもが大人になるまで」と「大人になってから」の大きく2つの段階に分けて考えてみよう。

ここで第一に考えたいことは，「ある人の人格の成長・発達は，ほかの人の積極的な関与がなくても生じるだろうか」という点である。この問いに対して，教育学の教科書は，たとえばアドルフ・ポルトマンの提唱した人間1年早産説

（人間はほかの動物に比べ，歩くことや話すことなどの種としての基本的能力が生後1年近くたってようやく獲得される。だから，人間は生得的な能力だけに頼って生きていくことはできず，自ら新しい能力を獲得する能力を有しているという説）や，「オオカミに育てられた少女」がその後，人間に引き取られ一定の教育を受けたにもかかわらず人間としての能力を十分に発達させることができなかったといった事例（この事実関係については「疑わしい」「ありえない」との主張もある）を根拠に「No（それはない）」といっている。人間の成長・発達には，ほかの人の積極的な関与が必要だという点は筆者も同感である。この関与は，「子どもが大人になるまで」だけでなく，「大人になってから」の段階でも必要になる。さらに，「ほかの人の積極的な関与」といった場合の「ほかの人」自身も成長・発達のための学習を必要としている。つまり私たちは，ある集団や社会のなかでお互いに教え，学びあうという関係を築くことを求められている。これは，「大人（あるいは教師）が子ども（あるいは生徒）に教える」という一方向型の教育とは異なる双方向型・多方向型の教育のあり方といえる。

　つぎに，第二の問いとして考えたいのは，「ほかの人からの積極的な関与があれば，それだけである人の成長・発達は生じるのだろうか」という点である。この点について，教育学の教科書は必ずといってよいほど環境や自然の存在にふれている。たとえば，ある教育の入門書には，こんな記述がある。「人間は労働と技術を媒介として自然に働きかけ，自然（法則）に従うことによって，これを変えることができます。その過程を通して，人間は己を貫く自然（ヒューマン・ネイチュア）をも，人間的なものに改造していく存在なのです」（堀尾輝久『教育入門』p.93）。また別の教科書には，こんな記述もある。「人間は身体器官の能力・機能や形態を変えることによって生活環境の変化に順応したり新たな環境に進出したりするような生存の仕方を止め，環境のほうを自分の都合に合わせて変えながら生き続けることができる動物となったわけです。すなわち進化をやめて進歩することになったのです」（田嶋一他『やさしい教育原理』p.11）。これらの説明は，人間が自然や環境を自分たちの望む方向に変化させることができる能力を有していることを前提にして展開されている。前

者の記述では「自然（法則）に従うことによって」という但し書きがついているが，後者の記述ではそうした但し書きもなく「（人間は）環境のほうを自分の都合に合わせて変えながら生き続けることができる」として「人間は進化をやめて進歩することになった」とまで述べている。この論理は突き詰めれば，「自然・環境は人の成長・発達にとって必要だが，それは人間を人間たらしめるための道具にすぎない」ということになる。本当にそうなのだろうか。人の成長・発達に自然・環境が必要だという点は，これまでの教育学者と筆者は一致しているが，その先の点は一致していない。この点は，本書の位置づけとして重要な点である。

(3) 自然・環境とは何か

「自然」や「環境」はどちらも多義的な言葉である。本書のなかでも，自然と環境とを明確に使い分けている場合もあれば，ほぼ同じ意味で使っている場合もある。ここでは前項で示した「自然・環境は人の成長・発達にとって必要だが，それは人間を人間たらしめるための道具にすぎない」という主張の検証という問題意識にそって考えてみたい。まずは，環境からみていこう。環境とは，「主体とそれをとりまく環境」というように「主体」をとりまくものだが，教育を論じる際には，とくに断りがなければ「主体」は常に人である。そしてとりまくものをここではひとまず「事物やその事物がある一定時間のなかで変化する現象」としておこう。つまり，「環境」とは「人をとりまく事物や現象」である。そして自然環境，生活環境，学校環境，家庭環境，教育環境，社会環境など，「環境」の前に何がつくかで，その事物や現象の範囲が限定される。とくに何も前につかなければ，その「環境」は，その人をとりまく事物や現象として，およそ考えられうるすべてのものを含んでいることになる。

つぎに「自然」であるが，これも「環境」と同様にひとまず「事物や現象」としてとらえよう。この世界にある事物や現象のうち，人工物や人工的現象（人間がつくり出す事物や現象）ではないものが，自然物や自然現象ということになる。人類が周囲の自然物に対して不可逆的な（一度変化すると元に戻せない

ような）改変を始めたのは，農業の開始以降と考えられるから，それ以前から存在していた事物や現象が，まったく人間の手の加わっていない純粋な自然物や自然現象といえる。今日の人間の活動圏域では，そうした事物や現象は実際にはごくわずかである（まったく人間の手が加わっておらず，人類からその存在を知られていない，たとえば，理論的には予想されていても実物としては未確認の宇宙空間や地中奥深くの物質や現象はそこに含まれるといってよいだろう）。実際には自然物といっても，人の手がある程度まで入っていることが多い。いっぽう，純粋な人工物というものは存在するだろうか。iPS細胞のようにもともと自然界になかった物質が人の手により作成された場合，これは純粋な人工物といってもよさそうだが，これも分子レベルではもともと自然界にあったものを加工しているわけだから，その意味では完全な「非自然物」といえないかもしれない。この世界には，このような「自然」と「人工」の境界的なものが多数ある。だが理論的整理として，ここでは「自然とは，人工的ではない（あるいは，人工的要素をもたない）事物や現象」と整理しておこう。

「環境」とは「人の周囲をとりまく事物や現象」，「自然」とは「人工ではない事物や現象」と大きく整理した。自然・環境（または自然環境）という場合には，この両者のキャップ（∩）部分と考えればよい。「自然」のうち「自然・環境」に含まれない「自然」とは，教育や学習の内容や空間として認識されないような未知の宇宙空間などが該当する。だがここでの私たちの議論の対象からはひとまず外してよいだろう。したがって，以降で「自然」といった場合には，図1.1の「自然・環境（A∩B）」のことをいう。

ところで，ここでもう1つ，社会という概念が自然や環境との関係でどのようにあらわせるか考えてみよう。社会とは，その構成員によって継続的なコミュニケーションが行われ，かつそれらがある程度，秩序化，組織化された，ある一定の人間の集合である。人間の集合ではあるが，社会にはその人間の集団活動に付随する事物や現象も含まれると考えてよいだろう。社会（E）は人間と切り離して考えることはできないので，常に環境（B）に含まれている。ここで問題となるのは，自然環境（A∩B）も社会（E）に含まれるのかであ

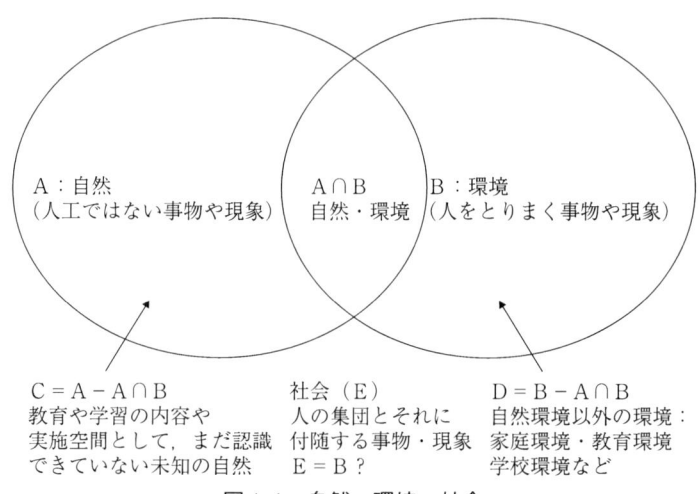
図1.1　自然・環境・社会

る。本書の関心に即して，たとえば学校という社会を考えてみよう。学校は，生徒，教師などが集団活動を行っている社会だが，同時に校舎，校庭，そして学校が教育活動を行う空間としては校外の地域，そこに存在する森林や河川も含まれる。そう考えると，学校という社会（E）の範囲は，自然・環境（A∩B）を含む環境（B）の全体ということになる。したがって本書においては，環境と社会とは同一の概念として扱ってよい。

社会（E）の範囲を，「自然・環境（A∩B）を含む環境（B）の全体」ととらえる社会観は，これまでの教育学が必ずしも意識してこなかった持続可能な未来のための教育論の独自の考え方といえる。

1-2　教育の歴史をどうみるか

（1）教育の誕生

前述の1-1-(1)で，「完成」は時間的概念だという話をしたが，本書のタイトルにある「持続可能な未来のための」という場合の「未来」もまた時間的概念を示す言葉である。「未来」のことを考えるためには，まず過去を振り返り，そして現在を知る必要がある。ここに教育の歴史を学ぶ必然性が生じてくる。

先に述べた，社会やほかの人間が，学習しようとする人間（学習者）に働きかける行為としての教育は，人間が「身体と精神の結合」である「人格」をもったときから始まったと考えられる。現在の人類学の知見によれば，二本足（後ろ足）で立ち，両手で道具を使った猿人が人類の祖先であり，それはおよそ400万年前から300万年前頃に誕生した。人格を特徴づける「身体と精神の結合」のうち，とりわけ重要なのは精神（心）の誕生である。精神（心）の誕生は，「二本足（後ろ足）で立ち，両手で道具を使う」という行為と深くかかわっている。つまり，二本足になったことで体が垂直になり前足（手）が歩行から解放されたことで道具を使えるようになり，同時に重力に対して垂直になった背骨が，発達，巨大化した脳を支えられるようになったという点である。人間よりも身体の大きな動物は地球上に存在するが，人間よりも脳の大きな動物は地球上に存在しない。人間以外の動物にも心が存在することは知られているが，人間のような複雑な心の動きは人間にしかみとめられていない。人間の進化のプロセスのなかで，脳がある段階にまで発達したときに，精神（心）が誕生し，同時に「身体と精神の結合としての人格」が誕生したと考えてよいだろう。この人格の誕生と同時に教育の歴史も始まったと考えられる。その時期は，今日までに明らかになっているところによれば洞窟壁画や狩猟技術が急速に発達し，同時に仲間の死を悼む葬儀のような儀式が出現したおよそ5万年前と考えてよいだろう。この時代の人類の暮らしは非定住型の狩猟採集生活であった。この社会では，「学校」のような組織的な教育の営みはなかったか，あってもごくわずかであったであろう。だが，親から子への生きるための知恵と技の伝達がそれぞれの家族や社会集団のなかで行われていたであろうことは容易に想像できる。

　人類の発祥や文明の始まりについては諸説あるが，多くの地域では非定住型の狩猟採集生活が，ある時期，定住型の農耕型生活へと変化したとみてよいだろう。この生活の大きな変化は農業という生産技術の発明，誕生によってもたらされたものである。農業とは，ある土地の自然の力を利用して，有用な植物や動物を育てる生産活動である。この技術の普及により，人間はある土地に定

住することになり，そこで「むら」や「まち」といった共同体の形成が始まった。今日の地域やコミュニティと呼ばれるものの歴史はここから始まったといえる。狩猟採集生活にもコミュニティは存在していたが，成員全員の移動を前提とするため大きな集団にはなれなかったであろう。それに比べ，定住型の農耕型社会では，食料の蓄積がなされ，商品化・市場化が進み，産業化とともに都市が誕生した。こうした農耕型社会では，1つの地域のなかで子どもを育て続けることが可能であり，また共同体のなかにさまざまな分業が生まれ，そのなかには子どもを育てることを専門的に行う組織が現れるようになった。これが学校の始まりである。

（2）学校教育の成立と発展

　学校のあり方は，その時代や社会によって異なるが，共同体が誕生し，やがて複数の共同体が集まる政治組織としての国家が形成されるようになってからも，かなり長い期間，学校はその国家に住まう万人が通うことのできる存在ではなかった。この時代（主に中世），学校に行くことのできる子どもや青年は，政治的支配層（武士や貴族），宗教的指導者層，経済的富裕層（商人）といった特権的な階級の子弟に限られていた。そうした学校のあり方が一変する契機となったのが，18世紀のフランス革命やアメリカ独立宣言といった主権在民を原則とした近代市民国家の誕生であった。近代市民国家では，主権者としての国民の「教育を受ける権利」が保障され，教育は国家の重要な仕事の1つとして制度化された。その一方，19世紀後半から20世紀前半にかけていくつかの国家では覇権（帝国）主義の台頭とともに，教育の目的を普遍的な人格の完成におくよりも，自国の国家に有用な人材の育成と考える国民教育論が広がる。こうした国民教育論の1つの終着点が，民族主義，国家主義のもと，国家のために自己の犠牲を自発的に行うことを称揚するナチスドイツの自発的服従教育や日本の軍国主義教育であった。こうした教育は，帝国主義国家の敗北，自由主義国家の勝利という第二次世界大戦の終結（1945年）により終焉を迎える。第二次世界大戦後の20世紀中盤から後半の世界は，資本主義と社会主義とい

うイデオロギーの対立構造のなかにおかれた。このなかで日本は，いわゆる西側（資本主義）体制の一員として，日米安保条約による安全保障政策に守られつつ，敗戦からの復興と経済成長をめざした。戦争で疲弊した社会を復興させ，経済を成長させることをめざしたのは第二次世界大戦の戦勝国側も同様である。この時代の教育の柱は，高度経済成長期を支える産業界のための人材の育成であった。そして，戦後の復興と経済成長が先進国といわれる国々でほぼ成し遂げたとみられた1989年，ベルリンの壁は崩壊し，東西冷戦が終結する。世界は，イデオロギーの対立を抜け出し，その意味においては1つになる（実際には宗教対立や民族紛争や経済格差など対立・紛争は今日なお続いているが）。交通網の発達，情報と通信技術の飛躍的な発展に支えられ，ヒト，モノ，マネー，情報などが国家の枠組みや保護を超えて，自由に行きかうグローバライゼーションの時代が訪れる。都市への人口集中の一方，農村の過疎化が進み，自然や土地の条件に立脚して維持されてきた共同体の解体が進んだ。同時に地球温暖化問題に象徴されるように経済を成長させるうえでも環境問題が無視できない存在となってきた。日本を含むいくつかの経済大国では人口減少社会となり，これまでのような右肩あがりの経済成長を期待することはできなくなってきた。このような時代になると，教育への期待も高度経済成長期を支える産業界のための人材の養成ということだけでは説明がつかなくなってきた。これが現代である。

　これまで概観してきた古代，中世，近代にかけての教育は，人類と自然・環境との関係でみれば，人類が自然・環境と闘わなければ生きていけない時代になされた，自然・環境をどう克服し，人間のために利用するかの知を求める教育であった。それに対し，現代は，人類が自然・環境と闘い，それを人間のために徹底利用することが，やがては人類自らの滅亡につながることが予測されるという不安の時代である。こうした時代に求められるのは，自然・環境と共存し，ともに生きるための知といえる（ここでいう自然・環境には，図1.1で示したように社会やその構成員である個人も含まれる）。

　この新しい教育のあり方を模索する取り組みとして，1950年代以降に始

まったのが，公害，自然保護，環境，持続可能性をめぐる教育である。

（3）公害，自然保護，環境，持続可能性をめぐる教育

　高度経済成長に沸く 1950 年代から 1970 年代までの日本社会において，「高度経済成長期を支える産業界のための人材の養成」という大きな流れの脇ではとんど注目されてこなかったいくつかの教育実践がある。それは，高度経済成長のいわば負の側面である「公害」や「自然破壊」を重要な教育的課題としてとらえた実践者たちの取り組みである。その一例をあげれば，熊本市竜南中学校の社会科教師・田中裕一が 1968 年 11 月に図 1.2 に示すような明確な目標をもった「日本の公害，水俣病の授業」を実施した。さらに，その数年後の 1971 年 2 月，小学校教師・廣瀬武は，5 年生社会科授業に水俣病患者・浜本二徳を招き，教室のなかで子どもたちに語りかける授業を実施し，これ以降，水俣では，教師たちによる水俣病学習が今日に至るまで積み重ねられている（安藤聡彦）。

　いっぽう，自然保護に関する実践では，柴田敏隆と金田平が 1955 年に三浦半島自然保護の会を結成し，地域の自然観察を通じて自然保護思想を広める活動を始めた。それまでの採集や飼育といった自然教育にかわり，観察に基づく生態学的な自然観の学習と自然への接し方の普及，そして公共物としての自然の意義を説いた。この考え方は，その後，日本自然保護協会による自然観察指

---

①経済成長下の日本の公害の実情を理解させる。
②熊本の公害として水俣病の問題を摘出させる。
　　㋑　水俣病の悲惨な実態を考えさせる。
　　㋺　原因究明の努力と漁民と会社と市民の関係を考えさせる。
③水俣病の問題にある公害の責任と処理方法を究明させる。
　　㋑　どこに責任があったのか。
　　㋺　どのように処理されるべきか。

図 1.2　田中裕一「日本の公害，水俣病の授業」の目標
出所：安藤聡彦「『公害教育から環境教育へ』再考」佐藤一子編『地域学習の創造』東京大学出版会，2015 年

導員の養成を通して全国に普及した。

　公害と自然破壊をテーマにしたこうした教育実践は，高度経済成長が生み出した自然環境破壊を人間性の破壊の危機ととらえ，そのことを教育課題として位置づけようと取り組まれた。水俣に限らず公害被害地では，地域経済の発展という「大義」のもとに工場が誘致され，その工場では，安全に関する十分な検証や調査よりも，生産性向上が優先され，その結果，住民が犠牲となる公害被害が発生した。被害の公式確認後も，加害企業やそれを監視する役割を担う行政側がその因果関係や責任を認めるまでに多大な時間を要し，その間に被害患者が増加，被害者の救済が遅れるばかりでなく，被害者の側に立つ市民と企業の恩恵を受ける市民との間で地域内に亀裂・断絶が起きた。自然保護をめぐっては，人間が公共物としての自然を人間の都合により一方的に破壊することをめぐって激しい議論が起きた。

　こうした時代を経て，日本では，主に1990年代以降，「環境」の名のもとに公害や自然破壊は，あってはならないもの，防止すべきものとして，社会的な合意が形成されてきた（ように見えた）。だが，2011年の東日本大震災・福島第一原発事故の発生により，自然（大気や河川や海洋や森林や農地）は大量に破壊・汚染され，多くの人々が住居を奪われ，莫大な心身の健康被害を受け，不安に陥っている。こうした状況に加え，日本を含む経済先進国といわれる国ではすでに人口減少社会が到来している。人口が減るということは，経済が縮小し，右肩下がりになるということである。将来の話ではなく，すでに私たちはそうした持続不可能な時代に突入している。『平成26年版　子ども・若者白書』によれば，日本の相対的貧困率（国民を所得順に並べて，中央の順位の人の半分以下の所得しかない人の比率）は，1990年代半ばごろから上昇傾向にあり大人1人で子どもを養育している家庭がとくに経済的に困窮している。こうした時代にあって，私たちは，どうやって未来を構想し，そのための教育をつくりあげるべきなのだろうか。

　前述したとおり，自然・環境をどう克服し，人間のためにどう利用するかの知を求める教育では，私たちは人間そして地球の持続的な発展にとってのビ

ジョンをもちえない。人類の自然・環境の利用という点では，おそらく原子力は，人類のエネルギー問題をほとんど解決してしまうと考えられるほどの高い生産性を有しているのだろう。しかし，原子力を使うことは，そのエネルギー生産過程においても，また廃棄物処理の点からも，人類にとって持続不可能な未来を人類自らが選択することにほかならない。仮に将来，原子力に代わるきわめて高いエネルギー生産の方法が発見されたとして，それで人類に持続可能な未来が訪れるのかといえば，到底そうは思えない。U.ベックが喝破したように技術が進めば進むほど，その技術は人類が扱えないほどむずかしいものとなり，その結果，社会（自然・環境）が破壊されるリスクが高まるのである。さらに，仮にそうしたリスクを克服し，高度な生産性を獲得した社会であっても，その社会の主権者である住民や子どもたちが，平等にその生産の果実を享受できるとは限らず，むしろ，「資本主義の限界」といわれるように，今日の貧困率の増加をみれば経済成長が進むほど格差は拡大している。

　こうした時代にあって，私たちは，これまでの教育とは異なる，自然・環境と共存し，ともに生きるための知を求める教育のあり方をさまざまな角度から検討しなければならない。知識基盤社会といわれる今日，教育の内容の問題だけでなく，教育の方法，組織，教師のあり方など，あらゆる角度からみて人類と自然・環境にとっての持続可能な未来のための教育を構想する必要がある。

1-3　教育の法制度をどうみるか

（1）持続可能な未来のための教育の法制度

　教育は，個人から個人への働きかけであると同時に社会のなかの営みであるから，教育のあり方を考えるにあたっては，社会の仕組みやそれを動かしている法制度についても検討しなければならない。持続可能な未来のための教育論から教育の法制度を考えるにあたり，最初に確認しておきたいことは，持続可能な未来のための教育を実現するために，誰が教育のあり方を決めるのか（教育の主体）である。具体的にいえば，世界政府なのか，各国の中央政府なのか，地方政府（および自治体）なのか，教育委員会なのか，学校長なのか，教師な

のか，子ども・児童生徒・学生なのか，保護者なのか，住民なのか，社会教育団体や施設なのか，企業やその連合体である経済団体なのか，あるいはNPOやまたそれとも異なる別の組織なのかである。今日，上記の各主体（ステークホルダー）が何らかのかたちで教育のあり方に関与している。その地域の教育のあり方は，このステークホルダー間のコミュニケーション（民主的討議）とガバナンス（統治の仕組み）により，決定されるべきものといえるが，ここで最も重要なのは学習主体である住民（子ども・児童生徒・学生を含む）のこの決定プロセスへの参画である。持続可能な未来のための教育の法制度は，学習主体が教育主体となりうる仕組み，すなわち住民が，その決定とその実施に十分に参画できるような仕組みをめざすべきであろう。グローバライゼーション（モノ，情報，マネーが国家を超えて自由に移動する時代）が進行する今日，その負の影響である持続不可能性（災害・貧困・温暖化・生物多様性の喪失・文化の喪失・人口減少など）から個人を守ることが求められている。そのためには，共同体の再構築が求められており，その共同体は，かつての地縁・血縁による共同体ではなく，持続可能な未来のための教育のあり方を地域ごとに構想し，計画化し，それを実施する教育共同体（「持続可能な未来のための教育共同体」）でなければならない。そしてこの「持続可能な未来のための教育共同体」の実現に向けて最も重要な役割を果たすのが学習者に最も近い立場でその学習を促進するための働きかけを行う教師である。持続可能な未来のための教育の法制度は，こうした教育共同体の実現，そして教師の活動を支えるものにならなければならない。

　次項以降では，こうした持続可能な未来のための教育の法制度の現状と課題を述べる。

（２）公教育と私教育

　子どもを育てるのは親の責任だとすれば，子どもの教育もまた親が責任をもって行うべきである。このように考えられた教育は私教育と呼ばれる。だが，教育は，一方で，共同体や国家の次の担い手を育てることでもあるし，ある子

どもが受けた教育の影響はその子の家庭だけでなく国家や社会全体に及ぶものだから，教育を完全に親だけの責任として行わせることもできない。社会全体として新しい世代の教育に責任をもつべきである。このように考えられた教育は公教育と呼ばれる。国家の重要な責務として教育が位置づけられたのは18世紀以降（日本では19世紀の明治維新以降）である。公教育と私教育は，どちらも重要だが，私たちが「教師」や「教職」という場合，通常は公教育における教員（教育職員）のことをいう。私立学校（学校法人）であっても，学校教育法に定める学校の教員であれば，やはり公教育の担い手である。公教育のあり方を規定しているのは，日本では日本国憲法を最高法規とする一連の教育に関する法律（教育法体系）とその法律によって運営される制度である。行政機関としては国では文部科学省，都道府県や自治体では教育委員会事務局がこの分野を担当している。

　公教育のあり方に関する法制度として，まず憲法から確認しておこう。日本国憲法第26条では，「すべて国民は，法律の定めるところにより，その能力に応じて，ひとしく教育を受ける権利を有する。②すべて国民は，法律の定めるところにより，その保護する子女に普通教育を受けさせる義務を負う。義務教育は，これを無償とする」と書かれている。憲法とは，近代市民階級が新しい近代国家の主人公となるにあたって，従来，彼らに加えられていた経済的，政治的，社会的諸活動の制限と抑圧を，明確なかたちで除去するために，さまざまな法律や命令の上に立つ根本的な法として制定したものである。日本では，1946年5月3日に施行された日本国憲法が基本的人権の尊重，国民主権，戦争放棄の三大原則を中心に構成されており，第26条では，第25条の生存権的基本権の文化的側面として，すべての国民に教育を受ける権利を保障している。「すべての国民」には，子どもだけでなく大人も含まれる。人は未来における可能性をもつ存在であるから，学習により自らを成長・発達させることは生来的な権利であり，このような学習を保障することは国民的課題である。このような教育を受ける権利に対応して教育を行う責務を担うべきは親を含む国民全体である。そして，国家は国民の教育を実現するために公教育制度などの条件

整備の責任を負うが，教育内容に細かく介入することは基本的に許されていないというのが従来からの司法判断の方向であった（旭川学力テスト事件判決など）。この原則に照らせば，2006年改正教育基本法において，新たに「教育の目標（第2条）」が設定されたことは，たしかにそこで「生命を尊び，自然を大切にし，環境の保全に寄与する態度を養うこと」という本書のめざす持続可能な未来のための教育構想からみて重要と思える一項目が明記されたとはいえ，この法改正をそのまま歓迎してよいかどうかは十分かつ慎重に検討されるべきといえる。

（3）教育基本法改正をめぐって

前項で述べたように，改正教育基本法の第2条第4項では，教育の目標として，「生命を尊び，自然を大切にし，環境の保全に寄与する態度を養うこと」との文言が規定され，教育の目標としての生命尊重・自然保護・環境保全が明確に位置づけられた。このことは「持続可能な未来のための教育」にとって確かに重要なのだが，同時に，この第2条第4項を含む教育基本法の全体を見渡したとき，それが「持続可能な未来のための教育」とどのような関係にあるのかも確認しておく必要がある。

現在の教育基本法は，2006年に60年ぶりに改正された。当時の安倍晋三内閣総理大臣は，この改正時の165回国会で，「近年の子どものモラルや学ぶ意欲が低下して」いることや，「子どもを取り巻く家庭や地域の教育力の低下」が指摘されていることなどを取り上げ，「家族，地域，国，そして命を大切にする，豊かな人間性と創造性を備えた規律ある人間の育成に向け，教育再生に直ちに取り組む」と述べた。いっぽう，この教育基本法「改正」には，25の教育関連学会の会長が連名で「教育基本法の見直しに関する要望」（2003年3月4日）を文部科学大臣と中央教育審議会会長に提出するなど，教育への国家の介入，とりわけ旧教育基本法第10条が戒めている「行政による教育への不当な支配」を懸念する激しい議論が沸き起こった。その結果，この旧法第10条の「不当な支配」に関する条項は，新法でも第16条として引き継がれた。

このほかのさまざまな論点のなかで最も焦点となったのは，新法第2条第5項の「愛国心」をめぐる記述についてであった。国家（行政）が教育の内容にかかわる事項である「教育の目標」を法律で制定するばかりか，そのなかで国家への自発的服従を教育内容に盛り込むことにつながりかねない「愛国心」の用語を盛り込むことには多くの慎重・反対意見が述べられた。そうした議論の結果，「愛国心」という言葉自体は法律には入らなかったものの，「伝統と文化を尊重し，それらをはぐくんできた我が国と郷土を愛するとともに，他国を尊重し，国際社会の平和と発展に寄与する態度を養うこと」という文言となった。手続きとしては，衆参両議院により可決・成立した教育基本法だが，教育再生の大義名分のもとに国家主義が再び台頭し，主権者である住民の学びの機会が抑制されるようなことがないよう，私たちは，この改正教育基本法の運用のあり方を問い続けなければならない。

　いっぽう，改正教育基本法により，新たに政府が策定することを義務づけられたのが教育振興基本計画である。教育振興基本計画は，第一期（2008〜2012年）に続き，第二期（2013年6月閣議決定）が策定されている。第一期教育振興基本計画では，持続可能な社会の実現に向けて取り組むための教育（持続可能な開発のための教育：ESD）が，わが国の教育のあり方にとっての重要な理念の1つとして示されている。第二期教育振興基本計画でも，基本施策「現代的・社会的な課題に対応した学習等の推進」として，現代的，社会的な課題に対して地球的な視野で考え，自らの問題としてとらえ，身近なところから取り組み，持続可能な社会づくりの担い手となるよう一人ひとりを育成する教育（ESD）を推進することが明記されている。

　このように国連や政府の主導による「持続可能な社会」のための教育構想が進められているのだが，その一方で，私たちが暮らすそれぞれの地域では，どのようにあるべき社会（自然・環境）を実現させていくことができるのだろうか，そして，そのことと教育のあり方とをどのように関連させていくことができるのだろうか。法制度の面からの重要な鍵は，前述1-3-(1)で示した「持続可能な未来のための教育共同体」に今日的に最も近い位置にあると考えられる

自治体における教育行政のあり方にある。そこで，次項では自治体における「持続可能な未来のための教育」の課題について述べる。

（4）持続可能な未来のための教育システム—地方教育行政法と環境教育促進法の統合的運用—

　自然・環境と共存し，ともに生きるための知を求める教育は必要だが，その知の内容，すなわち私たちが構想できる自然・環境との共存のあり方は，その時点で得られている科学の知見に基づいて決定するしかない。原発問題をみても明らかなように，大筋では脱原発の方向は一致していたとしても，個別の政策において，現時点での科学的知見をもとに誰もが合意するある1つの方向が見いだせるわけではない。仮に現時点で何かを決めたとしても，この先，新たな科学的知見が生まれればその知は修正せざるをえない。現時点で解決しえないと考えられている問題に対して将来解決策が発見される可能性も否定できない。逆に現在は想像もつかない問題が将来大問題として人類に襲いかかるかもしれない。そう考えていくと，「環境問題の解決」は永遠にありえないことになってしまう。このパラドックス（矛盾・逆説）は，この先の人類史上のどの時点においても消えることはないであろう。そうだとするならば，何を学ぶのか（学習内容）だけでなく，誰がどう学ぶのか（学習主体・学習方法・学習組織）にも十分に留意して社会のなかに将来に備えるシステムを用意しておかなければならない。その時代において最適と考えられる自然・環境との共存のあり方をさぐると同時に，学習者が必要に応じて必要なことが学べる仕組みを用意しておく必要がある。そのためには学習主体が教育に主体的に参画できる仕組み，すなわち住民が，その決定とその実施に十分に参画できるような仕組みを内包した「持続可能な未来のための教育システム」が必要である。

　そのような教育システムを実現するための法制度として，教育にかかわる法律（教育法）と環境にかかわる法律（環境法）がある。生存権とそれに対する国の使命を規定した憲法第25条に基づく基本法として教育基本法，環境基本法があるが，前項までに述べたように「持続可能な未来のための教育共同体」

に今日的に最も近い位置にあるのは自治体である。自治体において，教育行政と環境行政を一体的に運用することができれば，その可能性は現実のものとなろう。実際には現時点で，この両者を1つの組織（部署）として一体的に運用している自治体はまだ存在しておらず，その点で，ここで述べていることはまだ実現されてはいない。だが，「持続可能な未来のための教育共同体」の法的根拠となりうる法律は存在しており，ここで代表的な2つを取り上げる。

　まず，環境教育促進法である。正式には「環境教育等による環境保全の取組の促進に関する法律」（2011年6月15日制定）という。この法律は，「健全で恵み豊かな環境を維持しつつ，環境への負荷の少ない健全な経済の発展を図りながら持続的に発展することができる社会」を「持続可能な社会」ととらえ，環境保全活動，環境保全の意欲の増進および環境教育ならびに協働取り組みについて，基本理念を定め，ならびに国民，民間団体など，国および地方公共団体の責務を明らかにするとともに，基本方針の策定そのほかの環境保全活動，環境保全の意欲の増進および環境教育ならびに協働取り組みの推進に必要な事項を定め，もって現在および将来の国民の健康で文化的な生活の確保に寄与することを目的としている。

　この法律では，第9条で，「学校教育及び社会教育における環境教育の推進に必要な施策を講ずること」が定められているが，この第9条の冒頭の表記が「（学校教育等における環境教育に係る支援等）」と記載されているように，「環境教育に係る支援」というやや当事者意識を後退させた立場をとっている。その理由は，この法律が教育法体系ではなく環境法体系に位置づいているためである。この法律の制定・運用には文部科学省も関与していないわけではないのだが，教育法からみたこの法律の位置づけは，教育基本法第2条4項の「生命を尊び，環境を保全し，自然を大切にする態度を養う」という教育目標のなかの一項目の具現化にすぎず，教育システム全体の変容を求めるものにまではなっていない。そして現実には，独立した学習内容としての「環境」の扱いは各学校の裁量に委ねられており，すべての学校で環境にかかわる学習が積極的に行われているとはいいがたい状況にある。本書の第2章以降で示されるさまざま

な論考は,こうした状況を打破していこうとするものである。

つぎに,自治体の教育行政のあり方を定める地方教育行政法（正式には「地方教育行政の組織及び運営に関する法律」）をみてみよう。全63条からなるこの法律は,「教育委員会の設置,学校その他の教育機関の職員の身分取扱その他地方公共団体における教育行政の組織及び運営の基本を定めること」を目的としており,その表題どおり,教育委員会を中心とする自治体教育行政の運営上の基本ルールとなっている。

教育委員会の職務権限は,図1.3に示すようにその地域（都道府県または自治体）の教育にかかわる重要な決定事項のほとんどすべてを含んでいるといってよい。そして,これほど重要なその地域の教育のあり方にかかわる決定機関である教育委員会は,通常は5人の委員をもって組織されており,その委員は,「当該地方公共団体の長の被選挙権を有する者で,人格が高潔で,教育,学術及び文化に関し識見を有するもののうちから,地方公共団体の長が,議会の同意を得て,任命」（同法4条）されている。この教育委員の選出方法は,教育委員会制度が発足した戦後の1948〜1956年までは公選によるものであった。それが,教育行政と一般行政との調和,教育の政治的中立と教育行政の安定の確保などの名目のもと,1956年にそれまでの「教育委員会法」が廃止され,それにかわる新たな法律として地方教育行政法が制定された。その後,数回の改訂を重ねて今日に至っている。

2014年6月,この法律が大きく変わった。新聞には「60年ぶりの転換」といった見出しがついた。これまでの教育委員会制度では,首長（知事や市長）が教育委員を任免はするが,その後は,議会への予算の提出などを除き,教育にかかわる事項は基本的には教育委員会にすべてを任せ,首長自身は口を出さないという姿勢が求められてきた。これは,政治の支配により教育の中立性が脅かされたという戦前・戦中の反省から生まれた原則だった。この仕組みにより,たしかに首長と教育行政との間には一定の距離が生じ,首長の政治的な意思が教育現場にそのまま反映されることは避けられてきた。だがその一方で,市民の代表として選ばれた首長が教育に立ち入ることができない,つまり教育

> 第21条　教育委員会は，当該地方公共団体が処理する教育に関する事務で，次に掲げるものを管理し，及び執行する。
> 一　教育委員会の所管に属する第30条に規定する学校その他の教育機関（以下「学校その他の教育機関」という。）の設置，管理及び廃止に関すること。
> 二　教育委員会の所管に属する学校その他の教育機関の用に供する財産（以下「教育財産」という。）の管理に関すること。
> 三　教育委員会及び教育委員会の所管に属する学校その他の教育機関の職員の任免その他の人事に関すること。
> 四　学齢生徒及び学齢児童の就学並びに生徒，児童及び幼児の入学，転学及び退学に関すること。
> 五　教育委員会の所管に属する学校の組織編制，教育課程，学習指導，生徒指導及び職業指導に関すること。
> 六　教科書その他の教材の取扱いに関すること。
> 七　校舎その他の施設及び教具その他の設備の整備に関すること。
> 八　校長，教員その他の教育関係職員の研修に関すること。
> 九　校長，教員その他の教育関係職員並びに生徒，児童及び幼児の保健，安全，厚生及び福利に関すること。
> 十　教育委員会の所管に属する学校その他の教育機関の環境衛生に関すること。
> 十一　学校給食に関すること。
> 十二　青少年教育，女性教育及び公民館の事業その他社会教育に関すること。
> 十三　スポーツに関すること。
> 十四　文化財の保護に関すること。
> 十五　ユネスコ活動に関すること。
> 十六　教育に関する法人に関すること。
> 十七　教育に係る調査及び基幹統計その他の統計に関すること。
> 十八　所掌事務に係る広報及び所掌事務に係る教育行政に関する相談に関すること。
> 十九　前各号に掲げるもののほか，当該地方公共団体の区域内における教育に関する事務に関すること。

図1.3　地方教育行政法における教育委員会の職務権限

は教育の専門家によって創り上げられる世界であって一般市民は参画できないという問題があった。それを2014年度の改訂では，教育委員会は残す一方，それとは別に新しく総合教育会議を設けることになった。教育委員会と総合教育会議は，何が異なるのかというと，教育委員会は教育長と教育委員の5人の

合議制で，ここには首長は入らないのだが，総合教育会議では，首長が主宰して，首長が教育委員と協議をする。必要があればそのテーマの関係者や学識経験者の意見を聞くこともある。そうした議論を通して，当該地方公共団体の教育，学術及び文化の振興に関する総合的な施策の大綱を定めるとされている。

この改正「地方教育行政の組織及び運営に関する法律」は2015年4月以降に運用がはじまっている。これまでの教育行政は，環境やほかの行政分野が立ち入ることのできない領域であったが，この法改正により，首長，そして首長部局が教育により積極的に関与できるようになることが期待されている。もちろん，過去の反省をふまえ，首長の一方的な政治的方向を住民や子どもたちに押しつけるようなことにならないよう十分に配慮する必要があるが，本書がその実現をめざそうとする，環境のあり方と教育のあり方の双方の相互的発展としてとらえようとしている「持続可能な未来のための教育共同体」構想の実現に向けてはこれを1つの手がかりとして位置づけることができよう。

読者のための参考文献

- 田嶋一・中野新之祐・福田須美子・狩野浩二『やさしい教育原理』有斐閣，2011年
- 堀尾輝久『教育入門』岩波書店，1989年
- 澤佳成『人間学・環境学からの解剖―人間はひとりで生きてゆけるのか―』梓出版社，2010年
- 安藤聡彦「『公害教育から環境教育へ』再考」佐藤一子編『地域学習の創造』東京大学出版会，2015年
- 上柿崇英・尾関周二編『環境哲学と人間学の架橋―現代社会における人間の解明―』世織書房，2015年
- ウルリヒ・ベック／東廉・伊藤美登里訳『危険社会―新しい近代への道』法政大学出版局，1998年

注
1) 成長は，一般的には，ある対象（生物だったり，人間だったり，その人間が行う経済だったりする）が，大きくなることをいう。発達は，成長とよく似た言葉だが，成長が測定可能な何等かの指標となる数値の増加を意味するのに対し，発達は何らかの新しい機能を獲得する（それまでできなかったことができるようになる）といった意味を伴う。本章では成長と発達を厳密に分けることをせずに成長・発達として説明する。

第2章
持続可能な未来のための教育方法論

　皆さんには，これまでに経験した授業に対する具体的な記憶があるだろう。たとえば，教師が黒板を前にして教科書を使いながら説明する授業，実験器具を使ってグループで1つの課題に取り組む授業で，インターネットを活用しながら課題について調べる授業など，さまざまな記憶が蘇ってくるはずだ。じつは，このありふれた授業風景には，多様な「教育方法」が埋め込まれている。専門的にいえば，実験器具やPCは「教具」，教科書やワークシートは「教材」，教師の説明・発問や生徒への支援は「教育技術」という。

　しかし21世紀を迎えて，これら一般的な教育方法は「知識教授型授業」と批判され，課題解決型授業，プロジェクト学習，ワークショップなど子どもが主体となる授業への転換が主張されるようになった。近年，文部科学省がアクティブ・ラーニングを推進することも，この一環である。このように主張される背景には，いくつかの要因がある。グローバリゼーションによって教育に大きな変化が起きていることが主因だが，国内的な要因でいえば，受験で得た知識や技能が社会で通用しなくなっていること，PISA（OECD生徒の学習到達度調査）や全国学力・学習状況調査で思考力・判断力などの学力が十分に育成されていないこと，そしてICT（情報通信技術：Information, Communication, Technology）の発達によって個別・個性的な学習を行う環境が整いつつあることなどがあげられる。

　教師が主体の「教育」は，いつしか「学習」「学び」と呼ばれることが多くなってきた。それは子どもこそが授業の主体者であり，教師はその学習を促進する支援者（ファシリテーター）である，という考えが浸透してきたからであろう。本章では，〈学習の主体者〉を育成するための教育方法は，どうあるべきかについて考えていく。

2-1 「教育」から「学習」への転換

(1) 子どもをとりまく環境

現代の子どもは，生まれたときからICTにふれており，離れて暮らす人々と気軽にコミュニケーションをとりあい，国内外の情報を瞬時にして手に入れられるネイティブ・プレイヤーである。また，ゲームやネットを通じて，バーチャルな現実とリアルな現実の2つの世界を自由に行き来し，そのことを日常的な出来事として絶えず経験してもいる。これは，何も日本だけの特殊なことではなく，程度の差こそあれ世界共通の現象であろう。

グローバル経済の発展とともに，ICTの発達が地域や国家の壁を越えた政治，経済，文化の国際化をもたらし，当然のことながら教育もこの事態に柔軟に対応していくことが強く求められてきた。たとえば，学習指導要領におけるPISAの重視，初等教育における英語の教科化，中等教育における理数系教育への強い支援などは，グローバル経済に積極的に対応するための教育政策とみなすことができる。しかし，このグローバリゼーションは，これらの影響だけでなく，世界に共通する諸問題を可視化し，各国が共同して取り組むべき課題があることも明確にした。たとえば，地球規模で拡大する環境・紛争・貧困などの問題は，1つの国だけで解決することは困難で，国際的な理解と協調，具体的な行動が不可欠となる。このような教育は，環境教育や国際理解教育，平和教育などの領域で取り組まれてきたが，学校教育の主流にはなっておらず，一部の意識が高い教師や学校の活動にとどまってきた。

このように，現代の学校教育は，グローバリゼーションによって生じるさまざまな問題に直面し，それを乗り越えていくための具体的な理念と方策が求められているのだ。

(2) 〈学習者主体〉の学び

現行の学習指導要領では，21世紀は知識基盤社会が到来するとして，それに対応した教育を進める方針を明らかにしている。また，政財界からは，それ

に見合う「人材」を育成することを強く求められてきた。これらは，学校教育にかけられた社会的な要求と期待である。しかし，現代の子どもたちは「教育される」存在として，これら社会的要求とは別の論理で生活し，目の前の課題（受験・就職，部活・学業の成績，親・友だちとの関係など）をこなすことで精一杯の日常を送っているはずだ。大人たちから，「近年の子どもはコミュニケーション能力が不足している」とか「海外留学する元気な学生が減ってきた」という批判を受けつつ，漠然とした将来への期待と不安をもちながら，部活に夢中になり定期試験に備えて机に向かう光景が普通の姿ではないだろうか。いっぽうで，社会的な格差が拡大し，子どもの貧困率が16％を越えたことが象徴するように，家庭をとりまく教育環境が悪化している地域も増え，不登校や虐待などの深刻な問題も起こっている。また，ICTの発達が逆にいじめのきっかけともなって生徒の孤立化や内向化を生んでいるという現実もある。このようにみていくと，社会が学校教育に要求することと，子どもの生活実態には，大きな隔たりがあるといえる。いつの時代もそうだったが，子どもたちは大人たちに過大な要求を突きつけられ，不満をもちながらもそのシステムにのらざるを得ず，本来は豊かで意義深い「学ぶ」という行為が，自分を疎外する「勉強」に貶められてきたのだ。

　したがって教師は，子どもが学びに値する授業を創り出し，学ぶことが好きになり，学び続けられる〈人財〉を育てていく重要な役割を担っている。そのためには，従来の古い学び方を再生産するのではなく，現代の子どもの実態に合った新しい学び方を探求しなければならない。それを，本章では〈学習者主体〉という観点から述べてみたい。これまで黒板を向いて行われてきた一斉授業が，机をコの字型に並べて行う討論型の国語の授業，3〜4人の小集団による話し合い中心の数学の授業，地域の河川で実験・調査を行う理科の授業，ボードゲームを使って楽しく行う社会科の授業に変わり，それが日本の教室で当たり前の風景になる日は意外と近いかもしれない。さて，このような授業は，受験勉強に翻弄されてきた人には，とても奇異に映るかもしれないし逆に新鮮に映るかもしれない。しかし，その印象は生徒として受けとめる印象であり，

自分が教師となって創り出す段になると，とたんに困ってしまうはずだ。なにしろ，そのような授業を経験してきた人はまだ少数だし，経験していない授業を創り出すことは大変困難だからである。そうすると，つい手頃なマニュアルに頼りがちになり，実際にそのような出版物や資料を活用する教師は非常に多い。しかし，マニュアルに頼った授業は，一見すると子どもが意欲的・活動的に学んでいるようにみえても，実は教師の力量形成にはほとんど貢献しないものなのだ。だとしたら，教師を志望するあなたは，〈学習者主体〉とはいったいどういうことなのか，どのような歴史をたどって今につながっているかということを理解し，子どもが主体となる「よい授業」とはいったいどのようなものなのか考えておく必要があるだろう。

次節から，このテーマにかかわる国内外の教育思潮をたどっていく。

2-2 〈学習者主体〉論の系譜

(1) 国際的な教育思潮

そもそも，現代の教育の基本的な枠組みは，第二次世界大戦を契機にできあがり，時代の要請によってかたちを変えながらも今に継承されている。戦後すぐの1945年に国際連合とユネスコ（国際連合教育科学文化機関）が発足し，1948年に国連総会第3回総会で世界人権宣言が出され，その第26条において「すべての人には，教育を受ける権利がある」とうたわれた。これは，世界大戦を引き起こした原因の一端を教育が担ったことの痛切な反省に立って，個人の自由と尊厳，個人間の平等と多様性を保障する新たな教育を構築していくことを世界に宣言したものである。この精神は，1974年のユネスコ国際教育勧告にも引き継がれ，「教育は，人格の全面的発達ならびに人権および基本的自由の尊重の強化を目的とする」と，教育が再定義された。そして，1985年のユネスコ国際成人会議では〈学習権〉という概念が登場し，それは「読み書きの権利」「問い続け深く考える権利」「想像し創造する権利」「自分自身の世界を読み取り歴史をつづる権利」「あらゆる教育の手立てを得る権利」「個人的・集団的力量を発達させる権利」を基盤とすることと提起された。そして，この

教育思潮は，1989年の子どもの権利条約や1990年の万人のための教育世界宣言などにも脈々と受け継がれていった。

　各々の宣言や勧告を見渡したときに，ある共通のキーワードに気づくことだろう。それは，〈権利（Right）〉という言葉である。この言葉が国内で使用されると，自己主張の強さや「義務」の反対言葉として使われるが，ここでいう〈権利〉は，「生きる」という営みの正当性の根拠となる基本的な概念であり，すべての人間に備わっている自然権そのものである。また，これは日本国憲法第26条において，教育がすべての国民が享受する〈権利〉と規定されていることとも通じる。このように〈学習者主体〉とは，子どもたちが平和な社会のなかで，健康で文化的に生きていくことを保障する〈権利〉に支えられた考え方であり，ただ単に，積極的な活動や進んで学ぶ態度を意味しているわけではない。この考え方は，現代教育の前提となる思想であり，世界の学校教育は，さまざまな問題をかかえながらも，それを現実化する方向で進められてきたのだ。

（2）戦後の国内の教育思潮

　日本の学校教育において，〈学習者主体〉の思潮は20世紀初頭の大正自由教育運動や戦後民間教育運動のなかに，そのルーツと開花を見つけることができる。たとえば，1900年代には，明石師範学校の分団式動的教育法や，千葉師範学校自由教育，奈良女子師範学校の「学習法」，教育の世紀社による児童の村小学校の実践など，子どもの個性や自発性を重視した教育方法が実験的に試されて各地で成果を上げていた。しかし1930年代以降，軍国主義教育が全国に広がって滅私奉公の画一的・強制的な教育方法一色となり，〈学習者主体〉の教育方法は急激に退潮していった。

　1945年，日本は敗戦を迎え，学校教育も大きな転換を迫られた。長い戦争は，国土を焼き尽くし，おびただしい数の戦死者や被災者を生み出した。学校教育は，それまで戦争に加担してきた歴史を全面的に否定しなければ新たなスタートをきることはできず，代わって敗戦直後に公布された日本国憲法の「基

本的人権」「国民主権」「戦争放棄」の理念が，戦後の学校教育の根幹に位置づけられたのである。この転換を受けて，地域の生活を題材に取り入れ子どもの関心に基づいて授業を創るコア・カリキュラム運動や，自身の生活をリアルに見つめ「書く」ことによって自己認識と社会認識を育てていく生活綴方教育など，子ども中心の教育方法が，再び広く実践されていった。これらは，戦前の教育の痛切な反省に基づいて，戦後の民主主義社会を担う国民を育成しようという教育運動であり，当時の教師達は戦前・戦中の学校教育を克服しながら，J．デューイ（アメリカの教育学者）の教育思想に影響を受けつつ，〈学習者主体〉の教育のあり方を理想主義的に追求していった。しかし，このような時代も長くは続かず，1950年代に入ると，その教育方法は「はい回る経験主義」「学力低下の元凶」と厳しく批判され，教科内容の系統的な教授を重視した方法論に転換していった。

　この潮流のなかで，1960〜1970年代は，アメリカ合衆国とソビエト連邦（現ロシア連邦）の冷戦下で日本経済が高度経済成長期に入り，高度な基礎学力と科学技術を重視する教育政策に基づき，全国の学校は分厚い教科書を使って，短期間に大量の知識を詰め込む役割を担うこととなった。したがって，教育方法は，教師から子どもへの一方通行的な授業や画一的な知識教授型の授業が全国に普及し，国民の基礎学力が高まる半面，逆に大きなひずみも産み出すこととなった。たとえば，学年に10学級以上の学校や，学級に40人を超える子どもがひしめく状況で，授業についていけない者が大量に生み出される厳しい競争と選別の教育が広く展開され，「受験戦争」「落ちこぼれ」などの言葉も流行した。現在一般的に行われる教育方法は，この時代に形づくられたといっても過言ではなく，教師が大人数の子どもに効果的に教える手法（学習規律のしつけ方，発問の仕方，板書の書き方，ノートの使い方など）は，教育技術の基礎として継承されてきた。現在では，この手法を「知識教授型」授業の典型として克服の対象とみなす議論もあるが，全面的に否定するのではなく，教育技術の遺産としても再評価し，批判的に乗り越えられるべきであろう。

　1980〜1990年代は，ベルリンの壁の崩壊によって冷戦が終結し，先進資本

主義諸国が世界経済を主導する存在となり，多国籍企業がグローバルな経済活動を急速に拡大していった。日本は，冷戦下のイデオロギー対立の影響を脱し，経済成長を遂げた成熟社会に変貌していった。学校教育も同様の変化を求められ，多様な価値観を認めつつ生涯にわたって自らが学び続けられる主体の育成が強く求められるようになった。学校教育を大きく転換する「新学力観」という考え方が提起されたのは，この時期である。これは，1990年代の学習指導要領で打ち出されたもので，子どもの関心・意欲・態度を重視し，自己教育力を育成する理念をもりこんだ新たな学力観だった。それまでの教師は，知識・理解・技能を「学力」ととらえ，どの子にも身につけさせることを使命と考えていたが，「新学力観」は自ら学ぶ意欲や態度を学力の中核ととらえたために一時的に大きな混乱を招いた。それは，当時の文部省が，教育のあり方を教師主体（「教える」）から子ども主体（「学ぶ」）へと，急激に転換する政策をとったからだといえる。その後，この「新学力観」は，新設された生活科の理念として小学校を中心に広がり，公的な教育制度における〈学習者主体〉論のルーツにもなった。

　2000年代の学校教育では，世界経済のグローバル化と情報化がいっそう進展する先行き不透明な時代に，たくましく柔軟に対応する「生きる力」の育成が求められるようになった。新たに総合的な学習の時間が新設されて，各学校は地域の実態に応じて独自の教育課程（環境・福祉・情報など）を設定し，子どもが自ら課題を立てて解決していく能力を育成していくことが推奨されるようになった。つまり，1990年代に登場した〈学習者主体〉論の理念をいっそう徹底し実践的に展開していく政策が施行されたわけである。また，総合的な学習の時間の施行に合わせて，「学校を地域に開く」という理念のもとで，地域や行政，企業，民間団体などの関係者と協働して教育活動を展開する事例が増加し，各学校は教育活動における主体性と独自性を求められるようになった。この時間は，施行当初から「学力低下の原因」「ゆとり教育の象徴」として批判の対象となったが，2010年以降は，〈学習者主体〉論をさらに強化する「探究的な学習」を実施する時間として位置づけられている。これについて，そも

そも国が特定の教育方法を推奨すること自体，学校の教育課程編成権に影響を与え，教育方法のマニュアル化を促進する意味で問題を含むが，「習得→活用→探究」という軸で教科教育と総合的な学習の時間を関連づける新たな学力観を提起したという意味では重要な転期でもあった。

　以上，戦後の〈学習者主体〉論の系譜を振り返ってきた。この系譜には，基礎学力の習得にかかわる「詰め込み」と「ゆとり」論争，教育方法における「系統主義」（教科の体系化された知識を系統的に教授する）と「経験主義」（子どもの生活経験から課題を発見し自ら解決しながら学習する）の論争という2つの軸があり，学力に対する考え方が，これらの議論の間を振り子のように揺れ動いてきた。しかし，こと教育方法に関しては，教師主体から子ども主体に着実に移行してきたことがわかるだろう。また，この〈学習者主体〉論は，1990年代当初より子ども個人の能力育成を前提としていたが，近年では〈個―個〉の協同性だけでなく，〈個―地域〉の協働性のなかで能力育成を図ろうとする思潮が広がってきている。また教育内容の対象も，学問遺産の継承と発展という教科教育の視点から，グローバル経済に積極的に対応するための諸課題（小学校英語，ICT教育，スーパーサイエンス，グローバル人材育成など）や，持続可能な社会構築にかかわる世界の諸課題（環境，開発，人権，健康，平和など）にも広がり，学校教育が担う範囲が飛躍的に拡大してきた。〈学習者主体〉論とそれに伴う教育方法は，この潮流と歩調を合わせながら発展してきたといえよう。

(3) 民間の教育研究団体の教育思潮

　〈学習者主体〉論に基づく教育方法は，各学校の教育活動のなかで順調に発展し成果を上げてきたわけではない。むしろ教師は国家や社会が求める新しい教育方法を受容しつつも，それがかかえる問題点に悩み振り回されつつ，目の前の子どもに合う教育方法を必死で模索してきた，といったほうが正確であろう。また，小学校が比較的自由に試行する文化があったのに対して，中学校と高等学校は，生徒指導・部活動・進路指導に時間を割くことが多いことから，子ども主体の授業を展開する条件に恵まれず，知識教授型の一方通行的な教育

方法を継続しつづける傾向があったといえる。

　しかし，国家や社会の論理だけではよりよい教育を創り出せないことに気づいていた教師たちは，地域・学校・学級の実態に根ざした個性的な教育方法を創り上げてきた。古くは，戦後の民間教育団体による教育実践（国語科教育における一読総合法，数学科教育における水道方式，理科教育における仮説実験授業，体育科教育におけるドル平泳法など），2000年代から始まる「学びの共同体」づくり，2010年代に始まる授業のユニバーサルデザイン研究などが顕著な事例である。近年広がりをみせる「学びの共同体」づくりとは，「公共性の哲学」「民主主義の哲学」「卓越性の哲学」を根本に据えた国際的な学校（授業）改革のネットワークである。これは，2015年時点で約3800校の学校が実践的な研究を重ねているが，子どもの学ぶ権利を基盤とした協同的な学び，聴き合う関係を基盤とした対話的コミュニケーションなどの教育方法が実践の大きな柱となっており，習熟度別（能力別）指導に代表される「競争と選別」の教育をのり越えつつ東アジア諸国にも急速に拡大している。また授業のユニバーサルデザイン研究とは，特別支援教育と教科教育の融合をめざし，誰もがわかり・できる授業を創り出そうとするムーブメントである。これは，多くの学校で特別なニーズをもつ子ども（発達障害・学習障害など）が増加してきたことを背景として広がってきたもので，ことば（音声・書記）中心の教育方法に頼らず，さまざまなハンディのある子どもの視点から教室環境を整えバリアフリー的な教育方法を採用することで，健常な子どもにも大きな学習効果をもたらすことを実践的に明らかにしてきた。

　このように，いずれの教育思潮にも共通することは，子どもの事実から出発して教育方法を模索してきたことであり，国の政策とは一定の距離をおき，あるいは批判的なスタンスをとって，現場教師の視点から〈学習者主体〉の学びのあり方を追求してきた点に特徴がある。また，子ども一人ひとりの学力を保障しつつ，多様な他者（地域，外国人，障害者など）と協同しながら学びの世界を広げ深めていく授業を展開してきた。しかし，これら〈学習者主体〉論の背景には，「学習者の置かれた環境や状況に『知識』は埋め込まれており，それ

との相互行為の中で学びは成立する」という構成主義の思想（大島ら2010）と，心理学・脳科学・哲学・言語学・コンピューター科学などを統合した認知科学に関する学問が存在していることに留意したい。

それでは，このような潮流をふまえて，これからの教育方法のあり方は，どのように展開していけばよいのだろうか。次項では，それをアクティブ・ラーニングの視点から考えてみたい。

2-3　学習方法の革新

（1）「アクティブ・ラーニング」とは何か

2012年，中央教育審議会は，次期学習指導要領において各学校にアクティブ・ラーニングという教育方法を導入することを答申した。

文部科学省は，この用語を「教員による一方向的な講義形式の教育とは異なり，学修者の能動的な学修への参加を取り入れた教授・学習法の総称」と定義し，「学修者が能動的に学修することによって，認知的，倫理的，社会的能力，教養，知識，経験を含めた汎用的能力の育成を図る」ことをめざすと説明している。具体的には，発見学習，問題解決学習，体験学習，調査学習などをさし，教室内でのグループ・ディスカッション，ディベート，グループ・ワークなどを事例として紹介している。これは，高等教育改革の視点から提起されたものだが，〈学習者主体〉の教育方法の潮流に位置づけられることは一目瞭然である。これまでの初等教育では，アクティブ・ラーニング的な教育方法はすでに普及していたが，高等学校と大学では知識教授型の講義法が一般的であり，今後は子どもの主体性を引き出す授業が中等・高等教育のなかで広がっていくにちがいない。それでは，どのような授業をイメージしたらよいのだろう。

以下の節では，このアクティブ・ラーニングを実施する際に，重視されるICT活用の授業，思考力育成型の授業，プロジェクト型の授業について概説する。そして，このアクティブ・ラーニングを，持続可能な未来のための教育方法論のなかで位置づけなおし，その重要性について考えてみよう。

(2) ICT活用の授業

これまで,皆さんはインターネットで調べ学習に取り組んだり,パソコンのワープロソフトや計算ソフトの使い方を学んだりしたことがあるだろう。現在では,教室にタブレット端末を導入して学習の個別化に活用したり,電子黒板を設置してデジタル教材で授業をしたり,衛星テレビを使って遠隔地の学校とリアルタイムで交流したりと,さまざまな試みがなされている。今後もICTは確実に教育方法や授業のあり方を変えつづけていくだろう。

たとえば「反転授業」は,学校で教科書を読み問題を解くといった従来のスタイルを変える方法論である。これは,学校外(家庭)の場所で教材の映像を事前に視聴して,学校では各個人の学習を協同化するためのディスカッションやグループワークを行う時間にあてたり,問題を解く作業だけにあてて個別支援の時間を厚くするという教育方法である。子どもの側に学校外での充実したICT環境が求められ,教師の側は授業に活用できる教材映像のストックをもつことが前提となる点に問題はあるが,従来の授業のあり方を逆転した発想はほかの領域にも転用できそうである。

また,デジタル教科書はこれまでの授業の風景を大きく変えるだろう。紙媒体だった教科書は,個々の子どもが携帯する1つのタブレット端末に保存され,指先の動きで自由に操作することができるようになる。たとえば,理科の顕微鏡の写真を大きく拡大するといった単純な操作だけでなく,数学の図形の移動・回転やグラフの作成,社会科の資料写真の動画化,英語の教科書における音声の出力など,教科書のデータ容量によって,教師が教えづらかった内容を個別レベルで実現できる。また,教科書上から,インターネットで参考文献を検索できるだけでなく,電子黒板と連携した一斉指導と個別指導の効率化を図ったり,教室内外の子ども同士がリアルタイムで情報交流や意見交換ができるようにもなるだろう。

これらは,ほんの一例である。文部科学省は,「学びのイノベーション事業」の結果として,2014年に表2.1のようなICTを活用した学びの類型を示した。ここでは,一斉学習と個別学習,協働学習の3類型に分けて,それぞれの

表 2.1　学習場面に応じた ICT 活用事例

	一斉学習	
A1	教師による教材の提示	教員による教材の提示：電子黒板などを用いたわかりやすい課題の提示
	個別学習	
B1	個に応じる学習	一人ひとりの習熟の程度などに応じた学習
B2	調査活動	インターネットなどによる調査
B3	思考を深める学習	シミュレーションなどを用いた考えを深める学習
B4	表現・制作	マルチメディアによる表現・制作
B5	家庭学習	タブレット PC などの持ち帰りによる家庭学習
	協働学習	
C1	発表や話し合い	考えや作品を提示・交換しての発表や話し合い
C2	協働での意見整理	複数の意見や考えを議論して整理
C3	協働制作	グループでの分担や協力による作品の制作
C4	学校の壁を越えた学習	遠隔地の学校などとの交流

ICT の活用の例をあげている。これらは，条件さえ整えれば現在の授業でも十分に可能な活用例であり，ICT の活用が従来の教育活動を効果的に行うための手段となっていることがわかる。同時に，従来の教育方法の常識にとらわれず，新たな発想に基づいた教育方法の開発につながる重要なヒントを提供している。

　ICT の発達は，教育方法だけでなく，学校（教室）全体の環境と教師の教育技術や子どもへのかかわり方をも大きく変えていく可能性をもっている。これまで当たり前だった兵舎式の学校施設（長方形の教室と座席，壁で仕切られた空間など）は，対面式の円卓と可動式スクリーンやホワイトボードが並ぶようなオープンスペースの学校施設が増加していくかもしれない。子どもたちは ICT の発達に伴う社会環境の変化に柔軟に対応してきたことから，このような教育環境の変化にも容易に対応することができるだろう。その意味で，ICT

活用型の授業を徹底すれば学校教育にある種の革命を起こすことになるはずだ。

　いっぽうで，教育というきわめて人間的な営みに対して大きな影響を与えることも予想される。まず，教師はICTの特質に即した教育方法を求められ，目の前の子どもから新たな教育方法を開発していく機会が極端に少なくなり，そのような能力も低下していくだろう。そして教師と子どもは，急速な技術的発展を追い抜くことができないために，最新のデバイス（ハード／ソフト）の技能習得に手こずり，機器に振り回される可能性が高まる。また，従来の学習で自明視されてきた「書く」という行為が，手全体で握って動かす鉛筆から，指先端の軽い操作で機能するタッチパッドやアプリケーションに変化することによって，子どもの思考力が減退する危険性も予想される。本来，人間が「学ぶ」という行為には一定の身体性を伴い，身体を動かすことによってしっかりと記憶し，感情をこめつつ生き生きと考えられるが，ICTを巧みに操作できることが逆に「学ぶ」ことの豊かさを奪うことになるかもしれないのだ。

（3）思考力育成型の授業

　これは，教室内で行われてきた知識教授型の授業を改革し，「考える力」を育成するための実験的な授業である。これまでも，学校教育は「考える力」を育成してきたことにはなっている。しかしその内容は，たとえば数学の証明問題に対して既習事項を活用して論理的に回答を導き出すこと，国語の文学作品から主張や心情を読み取ることなど，自分流の考える方法に頼って勉強してきたはずだ。また，教師は，「よく考えよう」「考えてから行動しなさい」と言いつづけてきたが，子どもの側からすれば，そのように言われても，どのように考えればよいか，どうすれば考えられるのか，考える方法そのものがわからなかったにちがいない。以下の思考力育成型の授業は，子どもの活動を中心にした考える方法とその楽しさを教えるものである。

　現在，たくさんの学校で，「シンキングツール」と呼ばれる練習法を使って，「思考スキル」を育成する試みがなされている[1]。「思考スキル」とは，子ども一人ひとりが「考える」ための具体的な手順についての知識と，それを運用す

A 「Yチャート」　　B 「キャンディ・チャート」
図2.1　シンキングツール（例）

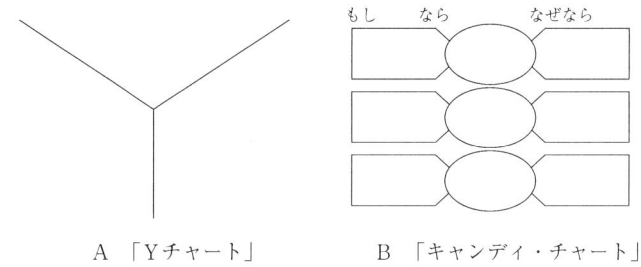

るための技法をいう。シンキングツールは，文字どおりそれを育成するための道具であり，図2.1のように抽象的な記号を用いたワークシート形式で活用されている。

　たとえば，Aの「Yチャート」は，3つの異なる視点から考え，その考えを可視化するためのツールである。たとえば生活科なら，目の前の対象物を視覚・触覚・嗅覚の3つの観点から観察させ気づいたことを書かせたり，社会科では，徳川幕府の政治を武士と商人と農民の立場で評価を書かせたりすることができる。これは，多角的なものの見方・考え方を身につける練習にもなるだろう。Bの「キャンディ・チャート」は，条件を変更した場合の起こりうる事象を予測する「考え方」を身につけるツールである。左側のリボンに「もし～なら」という仮定文を記入し，中心のキャンディ部にはその仮定の結果予想できる結論を書き，右側のリボン部にはその根拠を書き入れるというものである。理科を例にとれば，直列の回路の電球を，もし並列の回路につなぎ直したなら光はどのように変化するかを，根拠を示しながら考えさせるときに役立つ。これは，子どもが検討対象とする事象（現象）を成立させている条件を変更した場合に，どのような新たな事象が生まれるかを考えさせる練習なのだ。このようなシンキングツールは，思考のパターンや難易度によってほかに何種類も開発されており，これを各学年で系統的に指導していけば，子どもは活動（書く作業）を通して考える方法と楽しさを実感できるだろう。しかも，その考えた軌跡がワークシート上に可視化されるために，グループで学習する際に，友だ

ちの考えをめぐって話し合ったり，新たなアイデアを生み出したりする協同的な学習がしやすくなるという利点もある。

　もう1つは，協調学習（知識構成型ジグソー法）である。これは，学習科学の成果を生かして活用されている新しい教育方法である。1つの課題をめぐって，3～4人のグループで話し合いながら解決していくスタイルをとり，教師の課題の提示，話し合いの際の資料，子どもの対話，評価のあり方など，従来のグループ学習とは似ているようで，まったく逆のやり方をとる。たとえば，従来の社会科では「明治政府がつくった4つの政策は何か」という課題で，教科書にある「富国強兵」「四民平等」「殖産興業」「地租改正」の各政策をグループで調べ，最後に教師が解説するような進め方をしがちだった。つまり，課題が明確で調べやすく理解しやすいが，答えは1つに絞れる授業である。しかし，ジグソー法では「明治政府は，どのような国をつくろうとしたのか」と課題の出し方を変え，グループで分担して各政策に関する資料を読み込み，その内容を交流しあって「どのような国をつくろうとしたのか」という大きな問いに答えを出すものである。その答えは，グループによってちがいはあるが，各個人の知識が大きな問いの下で統合され，相互に話し合うことによって知的な思考が活性化される授業である。ジグソー法は，一般的に表2.2のような一連の流れで進められる[2]。

　この方法で子どもに期待するのは，流暢に対話するのではなく，話しながら考える（考えながら話す）なかで，途中で言いよどんだり，何度も言い直したり，誰かが話しかけた言葉を引き継いで話したりといったゆるやかな対話を保障し，そのなかで個人の考えが高まっていくことである。この例は，ジグソー法のほんの一部でしかないが，将来的に有効な方法として発展していくであろう。

　これらの方法を活用した場合，たしかに子どもが活発に活動し思考力もアップするはずだ。また，これを学校全体で系統的指導できたら，さらに効果は高まるだろう。しかし一方で，教師の十分な教材研究がなければ，方法論だけが独り歩きをして，定型化されたワークシートや資料を安易に使って形骸化して

表 2.2　知的構成ジグソー法の流れ

1	授業前に課題に答えを出してみる	考えるべき課題は何か，それについて自分が何を知っているか（知らないか）
2	エキスパート	課題について，ちょっと「伝えられそうなこと」をもつ．（「誰かがこう言っていた」でも，「ここがわからない」でも）
3	ジグソー	ちがう視点をもった人とのやり取りを通じて，課題について自分の考えを先に進める（参加の仕方は多様）
4	クロストーク	課題について，自分が「よさそうだ」と思う説明・表現を取り入れる
5	授業後にもう一度自分の答えを出す	今日の自分が「わかってきたこと」「まだわからないこと」を自覚する
6	その先に	次の授業が「わかる」チャンスになる

いく可能性も十分にある．また，子どもは一種のゲーム感覚で取り組めるので，導入初期はノリがよいかもしれないし，継続して活用することで，次々に新しい素材と刺激を欲しがる「学びの消費者」になっていく危険性もある．

（4）プロジェクト型授業

　これまで紹介してきたのは，ほとんど教科教育で活用される方法で，子どもの主体的な活動は教室内に限定されている．しかし，これからの学校教育では，子どもたちの直接体験（社会的活動，自然体験活動，勤労生産的活動など）が不足していることから，さまざまな学習活動のなかで「体験」を積むことの重要性が唱えられている．現在でも，理科の授業で実験を増やすことから，総合的な学習の時間で高齢者施設を訪問することまで，教室から地域へ学びの空間を拡大していく授業が一般的になっている．

　プロジェクト型授業は，子どもたちが立てたプロジェクトをもとに，教科教育で身につけた能力を地域の内外で具体的に活用したり発展させたりするもので，子どもの「探究的な学習」が活動の中心に据えられる．これは，前述のJ.デューイを源流とし，大正自由主義教育から戦後教育のなかで，プロジェク

ト・メソッド，プロジェクト活動，問題解決学習など名称を変えながら現在に受け継がれてきた方法論であり，持続可能な未来のための教育のモデルとして再び注目されている。

まず，その中心的な時間に位置づく総合的な学習の時間は，これまでどのように展開されてきたのだろうか。

> ある学校の隣に，小さな雑木林があった。そこは，子どもには薄暗くてひとけがない森にしか見えない。しかし，総合的な学習の時間に，この森に入ったら，多様な野生物が生きていることに気づいた。関心を高めた子どもたちは，一人ひとりの課題を立てて，この森の多様性について体験的に調べていくことになった。その課題は，生息する昆虫，植物，小動物，樹木，土壌生物を対象とした。子どもは，生物の種類を調べる，顕微鏡で観察する，土壌の科学的成分について分析する，樹木の高さと太さを計測するなど，現地で活動したり，インターネットで検索したり，専門家に尋ねて理解を深めたりと，教科教育で培った知識や技能を活用しながら学びを展開していき，最終的に個人のレポートにまとめることにした。そのまとめを，学級・学年内で交流するうちに，子どもから「この森を守ろう」との意見が多数出され，そのためには地域の人々に，この森の価値をわかってもらう必要があることに気づき，後日地域のイベントで発表することになった。参加した地域の人から高く評価され，子どもたちは自分たちの学習活動が教室内で完結するものではなく，地域の人の役にも立つことを実感することとなった。

これが，これまでの総合的な学習の時間のイメージである。この授業では，子どもが課題を決め，課題に関する情報を集め，集めた情報を整理・分析し，考えたことをまとめて表現している。つまり，この授業において教師は学びの支援者（促進者）に徹しており，活動を進める主体は子ども自身である。また，その学びには地域の人々や専門家が深く関与して学びを支援し，子どもの自己肯定感を高めることに大きく貢献している。しかし，この授業は，プロジェクト型の授業の要素を取り入れたときに大きく転換する。では，上記の授業は，どのようなイメージに変わるのだろう。

> 　ある学校の隣に，小さな雑木林があった。そこは，子どもには薄暗くてひとけがない森にしか見えない。しかし，総合的な学習の時間に，この森に入ったら，宅地開発の結果残された小さな場所に多様な野生生物が生きていることに気づいた。関心を高めた子どもたちは，一人ひとりの課題を立てて，この地域開発の歴史と森の多様性について体験的に調べていくことになった。その課題は，地域の昔の産業，人の暮らし，伝承された文化，生息する昆虫，植物，小動物，樹木，土壌生物を対象とした。子どもは，地域の古地図を読み込む，お年寄りにインタビューする，行政のまちづくり政策の変遷を調べる，生物の種類を調べる，顕微鏡で観察する，土壌の科学的成分について分析する，樹木の高さと太さを計測するなど，現地で活動したり，インターネットで検索したり，専門家に尋ねて理解を深めたりと，教科教育で培った知識や技能を活用しながら学びを展開していき，最終的に個人のレポートやグループで制作したポスターにまとめることにした。そのまとめを，学級・学年内で交流するうちに，子どもから「この森を守ろう」との意見が多数出され，自分たちの学習を「まちづくりプロジェクト」と名付けることに決めた。地域の人々に，この森の価値をわかってもらう必要があることに気づき，後日地域のイベントで森を守るためのまちづくり提言書として発表することになった。参加した地域の人や行政関係者，市会議員から高く評価され，子どもたちは自分たちの学習活動が教室内で完結するものではなく，地域の人の役にも立つことを実感することとなった。この授業終了後も，このプロジェクトは下級生に受け継がれ，近隣のNPOや研究者も参加して，他地域（国内外）の取組みと交流しつつ森の生態系を保全していくことが合意されるようになった。

　これが，プロジェクト型授業のイメージである。一読すると，夢物語やつくり話に思えるかもしれないが，これに近い授業は全国でかなり増加している事実がある。従来の総合的な学習の時間とのちがいは，①1つの課題とその解決策を自然科学と社会科学の複合的な視点からとらえている，②地域の「よいところ」だけではなく負の側面にも積極的に視点を当てて，地域をよい方向に変えていこうとする意識をもたせている，③1つの事象（森）を，それをとりまく広い事象（まち）の時空間のなかでとらえ直すことで，より深い問題解決につなごうという認識をもっている，④提言書を議員に提起することによって，初歩的な請願活動を経験している，⑤多様な主体と協働しながら，1つの地域から他地域（国内外）の取り組みへと連携する志向性がある，⑥一過性のイベ

ントではなく，学校を拠点とした持続的なプロジェクトに発展させている，という6点にある。この一連の授業に，前述したICTや思考能力育成の授業を組み込めば，何のために学ぶのか，学ぶことで何が変わるのか，学ぶことにどのような価値があるのかを，体験的に理解するなかで，先端的な技術を活用する意味や「考えること」の重要性が，子どものなかにくっきりと印象づけられるはずである。また，対話と合意形成を繰り返しつつ地域社会をよりよい方向に変えていく経験を積み重ねることによって，民主主義という思想を体験的に理解していくことにもつながるだろう。このプロジェクト型授業は，18歳から選挙権が行使できるようになった現在，今後いっそう大きな意義をもつようになるにちがいない。その意味で，歴史的に継承されてきた〈学習者主体〉論というのは，健全かつ成熟した政治の主権者になるための議論だったともいえよう。

2-4　参加型学習

　持続可能な未来のための教育には，「学び方」を学ぶ，「学び方」に思想がある，というように方法論を重視する特質がある。本章では，これまで紹介してきた〈学習者主体〉の教育方法をまとめて，「アクティブ・ラーニング」ではなく，あえて「参加型学習」（Participatory learning）と呼ぶことにする。

　参加型学習とは，1990年代より国際的に広がっていった〈学習者主体〉の教育方法で，国際会議の宣言文（1977年トビリシ宣言，1992年地球サミットなど）にもりこまれた目標にルーツをもつ方法論である。同時に次世代のために民主主義の思想を継承させ，対話と合意形成を基本にボトムアップで問題を解決する能力を育成するための方法論でもあり，これはESD固有の方法論として提唱されてきた。つまり，発達段階に応じて教室→学校→地域→社会→世界と学びの空間を拡大しつつ，ローカルからグローバルレベルの諸課題の解決に市民として積極的に「参加」できるようにするための「学習」なのである。「アクティブ・ラーニング」は学習の形態を表現しているが，なぜアクティブになる必要があるのか，何のためのラーニングなのかという目標までは含んで

おらず,それらを身につけて「どのような人格を育てていくのか」「どのような社会をつくっていくのか」という教育の目標がよくみえないのだ。

　教育とは,もちろん一人ひとりの個人をよりよく成長させていくためにある。しかし,一方でよりよい社会にしていくための人と人との協同的な営みでもある。その2つの視点はときに一致し,ときに相反するが,教育方法は,〈学習者主体〉論の歴史と現在の課題をふまえつつ,その双方を十分に満たすものとして構想されなければならないだろう。

引用文献
大島律子・大島純「テクノロジー利用による学びの支援」佐伯胖監修／渡部信一編『「学び」の認知科学事典』大修館書店,2010年

読者のための参考文献
・水原克敏『学習指導要領は国民形成の設計書—その能力観と人間像の歴史的変遷』東北大学出版会,2010年
・佐藤学『教育方法学』岩波書店,1996年
・ユネスコ『持続可能な未来のための学習』立教大学出版会,2005年

注
1)　黒上晴夫・小島亜華里・泰山裕『シンキングツール—考えることを教えたい』NPO法人学習創造フォーラム,2012年（http://www.ks-lab.net/haruo/thinking_tool/short.pdf#search='%E6%80%9D%E8%80%83%E3%83%84%E3%83%BC%E3%83%AB'［最終アクセス 2015・7・28］)。
2)　三宅なほみ・飯窪真也・杉山二季・斎藤萌木・小出和重編著『協調学習授業デザインハンドブック—知的構成型ジグソー法を用いた授業づくり』東京大学発教育支援コンソーシアム推進機構自治体との連携による協調学習の授業づくりプロジェクト,2015年（http://coref.u-tokyo.ac.jp/archives/14883　［最終アクセス 2015・7・28］)。

第3章
持続可能な未来のための教育課程

　本章で取り扱う教育課程は，一般的に，日本の学校におけるカリキュラムのことをさす。カリキュラムとは，ある目的に沿って教育内容や学習内容を決定し，計画的に編成したものであると説明される。

　ここで考えてみよう。なぜ，小学1年生に方程式をいきなり学ばせないのだろうか。それは，1＋1すらもまだ学んでいない子どもたちが，方程式に対して興味を示すことはほとんどないためだろう。いっぽう，数学が好きな中学3年生なら，方程式にとどまらず，もっと先の数学を応用した経済学に興味をもつかもしれない。だからこそ教師は，それぞれで異なる子どもたちの知識や興味などの実態に応じて，教育内容を選ぶ必要がある。とくに学校教育では，学習の時期や段階を決め，目標を達成することが求められていることから，このような教授・学習計画，つまりカリキュラム＝教育課程が重要になってくるのである。ここでは，教育課程を環境の視点から再検討したとき，どのような課題があるのかについても考えてみたい。

3-1　カリキュラムの必要性

　今，跳び箱を目の前に「さあ跳ぶぞ」と意気込む子どもがいる。
　皆さんの頭に浮かんだ跳び箱の高さは何段だろうか。
　20段の跳び箱が頭に浮かんだ人はいるだろうか。もし，20段もの高さの跳び箱を目の前にしたら，子どもはどう思うだろう。「跳べ」と指示されたとしても，たぶん「飛べない」と思い，足がすくんでしまうだろう。逆に，1段の跳び箱だったらどうだろう。「跳べ」と指示されたとしても，「こんなに低い高さの跳び箱なんて，先生は私を馬鹿にしている」とくってかかるかもしれない。
　このように，人は跳び箱を跳びたいと思っても，高すぎれば跳ぶことはでき

ないとあきらめてしまうだろうし，逆に跳び箱が低すぎれば，跳びたいという気持ちを失ってしまうかもしれない。このことを防ぐためには，子どもにとって，適切な高さの跳び箱（課題）を用意することが必要になる。そこで重要になってくるのが，カリキュラムである。

(1) カリキュラムとは

　カリキュラムとは，ラテン語の「走るコース」(currere)に由来する言葉である。古代ローマ時代，馬車を走りやすくすると同時に，勝手に道から外れないように，馬車の車輪がはまるように，道路に轍をつけていた。この轍のことをcurrereと呼ぶが，これがカリキュラムの語源になっている。では，この轍はどうやったらできるのだろうか。道路をつくる際に前もって轍をつくっておけば，馬車は走りやすくなり迷走する心配もない。いっぽうで，道路に轍をつくらなかったとしても，何度も何度も馬車が通ると道には轍ができるかもしれない。

　ここで馬車を「学習者」に置き換える。今，馬車の前方，進行方向に轍が存在すると仮定する。学習者を「走りやすく」するために，前もって道路に轍をつくったのかもしれない。この前もって道路に轍をつくった人物が「教育者」であるといえる。いっぽうで，馬車（＝学習者）の後方から道路を見てみよう。「学習者」が進んだあとに道路に刻まれた轍は，学習の跡ともいえる。この場合，学習した経験が，轍（学習結果）をつくり出したといえるだろう。

　従来，教育学においては，前もって学習者に対し用意された轍，つまり学習内容や学習活動を編成したものをカリキュラムと呼ぶことが多かった。いっぽう，近年の教育学では，学習者の後方にできあがった轍，すなわち学習経験（「学びの履歴」などと呼ばれる）のすべてをもカリキュラムと見なし，個人個人で異なる学習経験を評価しようという考え方も生まれてきている。本章では，後者の学習経験にも目を配りつつ，前者の，前もって計画されたものをカリキュラムと定義することとする。

(2) カリキュラムの類型

　内容と順序を決定し，カリキュラムを編成するためには，教える内容（教育内容）などについて選択する原理が必要となってくるが，とくにカリキュラムの世界では，大きく分けて2つの考え方が存在する。

　1つは，系統主義（教科カリキュラム）と呼ばれるものであり，もう1つは経験主義（経験カリキュラム）と呼ばれるものである。系統主義とは，知識・理解や技能の「系統」を重視する教育の立場のことである。学校で教える教育内容は，科学や学問の成果に基づくべきもので，子どもの発達段階などに応じた学問内容を系統的に指導すべきであるという考え方に基づく。いっぽう，経験主義とは，児童・生徒の興味・関心に従いながら，その発想を生かし，問題や課題に対して体験的な学習を展開させようとする考え方である。この両者は対立的に描かれることも多く，実際に長年，論争も繰り広げられてきた。

　①系統主義

　教育の世界において，カリキュラムという発想が登場してきたのは比較的新しいことである。ヨーロッパにおいては，宗教改革の結果，宗教家ではない信者たちにとっても，聖書を読みこなすことが義務となった。聖書を読むためには，語学を体系的に学ばなければならない。このようにすべての人（信者）に読み書きを教えようという試みは，教育学の初発の課題でもあった。いっぽう，日本でも，江戸時代のころから，庶民の子どもたちに対しては読み・書き・そろばんが私塾（寺子屋）で教えられるようになった。武士の子どもたちには，己の生き方の指針として四書五経（論語などの中国の古典）を学ぶことが求められた。このように社会が発展するにつれ，庶民と武士を問わず，読み書きを学び修得すること，そして，町人は商いのためにそろばん，武士は政治を司るために漢文を学ぶことが必須のこととなっていった。

　このような伝統的に育まれてきたさまざまな人類の知的遺産，たとえば聖書や経典に基づいた宗教などの枠組みに従って教えようという試みは古くから存在した。そして，その人類の知的遺産をただばらばらに教えるのではなく，一定の枠組み，すなわち「教科」として編成し，教授内容を決定したうえで子ど

もたちに伝えようした。このような考え方，つまり系統主義に従ったカリキュラムのことを教科カリキュラムという。

教科カリキュラムでは，教える内容が明確になるため，教師にとっては教えやすい。いっぽう，あらかじめ教えるべき内容が決定されているため，子どもの興味・関心は考慮されにくい。

②経験主義

20世紀に入ると，子どもたちの生活環境が大きく変化したことに伴い，このような系統主義の教育，教科カリキュラムのあり方に対して異議がとなえられるようになってきた。

資本主義が発達し，あらゆる物が工業製品化され，工場でつくられるようになっていったことから，1920年代には，それ以前の社会のように糸を紡ぎ，服を仕立てるという機会はめっきり減ってしまっていた。子どもが親から，仕事などを家庭で学ぶ機会が奪われ，生産現場は子どもたちの目に見えない世界へと隠されてしまった。

このような状況をJ.デューイは問題視した。そこで，子どもたちが生活のなかで直面する問題に焦点をあて，その問題を試行錯誤しながら解決していこうとする過程そのものを学習の内容とし，この解決をめざした学習活動を学校で行おうと試みた。工場のなかに隠されてしまった仕事を学校で学ぶべき内容とし，家庭の教育力を学校で復権させ，家庭と学校，そして工業化した社会と学校をつなげようとしたのである。

たとえば，服をつくることを学習問題とする。服の材料として何が必要か，糸の原料は何か，その生産地はどこか，そして糸を紡ぐ作業を行い，機織りについて学んだりする。これが問題解決学習である。デューイの教育に対する考え方は，「なすことによって学ぶ」という言葉に現れている。子どもたち自らが，興味や関心をもつ，あるいは関心をもたざる得ない問題を，試行錯誤をくり返しながら，自ら解決していく過程を通じて，学習やカリキュラムが組織されるべきだと考えたのである。

このように子どもの生活や経験に焦点をあて，子どもの興味・関心を重視す

る経験主義に従ったカリキュラムのことを経験カリキュラムと呼ぶ。子どもたちの興味・関心に応じて，取り組むべき問題（課題）が設定されるため，子どもたちの学ぶ意欲を惹起しやすい一方で，興味・関心に従うため，科学的なことを体系的に教授することは不向きとされる。教科カリキュラムと比較した場合，子どもの興味・関心に従うため体系的にはならず，また，問題が解決できないこともあり，ただ同じような行動を子どもたちが繰り返してしまうなどの課題もかかえている。

このカリキュラムの特徴は，子どもたちの学ぶべき内容があらかじめ決まっていない点にある。子どもたちが生活のなかで，あるいは社会とふれあう過程を通じて，自らが直面した問題を解決することとなる。いわば，正しい知識が前もって存在するのではなく，子どもたちが欲したときに自ら知識を獲得し，その学習過程のなかで，子どものなかに学んだ内容が構成されていく。教師の役割は，そのような子どもたちを支援し，ときには鼓舞する役割が求められることとなる。

以上をふまえ，さらに詳細なカリキュラムの類型を示す（表3.1参照）。

現在の学習指導要領では，「時間」は算数が取り扱う内容となっている。時間とはものの「量」をあらわすものであり，「数」を扱う学問は数学である。よって，算数で「時間」は教えるべきであるというアプローチが，表3.1①の教科分立アプローチである。それに対して，⑥の経験カリキュラムの場合，子どもが道を歩いて移動時間を調べる必要が出てきたとき，すなわち子どもが時間と時刻について知る必要が出てきたときに，子どもの興味・関心に基づいて，時計の読み方について学ぶというアプローチ方法となる。

②の相関カリキュラムは，教科枠組みを認めつつ，異なる複数の教科で内容を関連させて教えようというものである。たとえば，労働法について，高等学校では公民科・地理歴史科・家庭科・保健体育科で取り扱うが，内容をわかりやすくするためにつなげて教えようというものである。

③の融合カリキュラムは，②の相関カリキュラムをさらに進め，教科の枠組

表3.1 カリキュラムの類型

教科カリキュラム（系統主義）	①教科分立カリキュラム	教科枠組みは，内容の親学問によって規定
	②相関カリキュラム	相互に複数の教科内容を関連づける
	③融合カリキュラム	複数の関連教科を融合，一教科として再編
経験カリキュラム（経験主義）	④クロスカリキュラム	具体的な事象を中心に設定し，教科の枠組みを超えて，話題ごとに学習
	⑤コアカリキュラム	中心教科を設定，関連教科を周辺教科として配置
	⑥経験カリキュラム	子どもの興味に従って内容を編成，体系化

みを再編成し，内容などに従って融合させたものである。たとえば，中学校社会科では，地理は地理的分野・歴史は歴史的分野として社会科のなかに融合され，1つの教科として成立している。

④のクロスカリキュラムは，複数の教科などのなかで，重複している内容や類似の内容を，まとめたり関連づけたりすることで，教育内容や方法を計画したカリキュラムのことである。環境教育や開発教育など，教えるべき内容領域が一定程度明確な教育活動を学校に持ち込む際などに使用されることも多い（後述参照）。

⑤のコアカリキュラムは，1つの教科をコアにおき，そのほか関連する教科を周辺においたアプローチ方法のことである。かつて日本では，社会科をコアに，子どもたちの生活を体系化し，その生活を学ぶ過程において必要な他教科の内容を学ぶといったカリキュラムが普及した（後述参照）。

以上の類型からみると，日本の教育課程は，概ね教科カリキュラムの発想に従っているといえるが，子どもの生活を中心に理科的な内容や社会（科）的な内容を取り扱う小学校生活科など，③融合カリキュラムといえる教科も存在する。また，学級会や生徒会など，子どもの自発的な活動を中心に内容が組織さ

れる特別活動のように，経験カリキュラムともいえる領域も存在する。

3-2 教育課程

さて，これまでカリキュラムの編成原理についてみてきた。では，実際の日本の学校におけるカリキュラムはどこで誰が決定するのだろうか。

（1）教育課程とは

現在の学校教育法では，学校の教育課程については，学校教育法第 33 条において「小学校の教育課程に関する事項は…文部科学大臣が定める」とされており，学校教育法施行規則第 50 条において「小学校の教育課程は，国語，社会，算数，理科，生活，音楽，図画工作，家庭及び体育の各教科，道徳，外国語活動，総合的な学習の時間並びに特別活動によつて編成する」とされている（同 50 条条文中「道徳」は平成 30 年度より，「特別の教科である道徳」に変更される）。なお，各学校段階の教育課程は表3.2のようになっている。

（2）教科と領域

表3.2のとおり，教育課程は小学校5領域，中学校4領域，高等学校3領域で編成される。このうち「各教科」は数値による評価がなされるもののことであり，さらに高等学校では科目という細目が設定され，区別されることもある。

表3.2　2008年第7次改訂に基づく教育課程

＜領域＞

（小学校）	（中学校）	（高等学校）
○各教科	○各教科	○各教科
○道徳 ○総合的な学習の時間 ○外国語活動 ○特別活動	○道徳 ○総合的な学習の時間 ○特別活動	○総合的な学習の時間 ○ホームルーム活動

注：このほか，特別支援学校では「自立活動」が領域として設定されている。平成30年度より「道徳」は「特別な教科　道徳」に変更。

では，教科以外の領域はどのような役割を負っているのだろうか。

　道徳や特別活動では，実際の知識よりも価値観形成が重視される。特別活動の学習指導要領解説では，先に述べたデューイの言葉「なすことによって学ぶ」が引用され，自治的活動などを通じ，解決すること自体が求められている。このような態度面の育成を行うことも学校の大きな役割である。

　かつて，教育課程が各教科・道徳・特別活動の3領域（高等学校では，各教科とホームルーム活動の2領域）で編成されていたころは，道徳と特別活動を合わせて，教科外活動と呼ばれていた。残り2領域，総合的な学習の時間や外国語活動は知識的な内容の側面も大きいため，教科／教科外活動という枠組みは崩れつつある。

（3）学習指導要領

　ここまで，法律および施行規則をみてきたが，各教科や領域の具体的な内容や順序については，学校教育法施行規則第52条において「小学校の教育課程については…教育課程の基準として文部科学大臣が別に公示する<u>小学校学習指導要領</u>による」とされ，学習指導要領に従うよう定められている。では，学習指導要領とはどのようなものだろうか。

　たとえば，「読み・書き・そろばん」は誰もが身につけておくことが望ましい知識であり，幼い頃から学ぶ必要があるということに異論はない。しかし，数学で微分・積分まで教えるべきかどうかについては論争がありうる。「数学で習った二次方程式など使ったことがない」などといわれているが，学校で何を教えるかを巡る争いは常に生じているのである。

　そこで日本では「中立性」を保つという目的のもと，文部科学省に設置されている<u>中央教育審議会</u>において基本的な方向性を決定し，学習指導要領を作成して，学校で学ぶべき大まかな（大綱的）内容と学習段階について決定し，各学校が従うべき基準として示してきた。この学習指導要領は，学校における教育課程策定の基準となるものであり，国公私立を問わず，すべての学校が従うものとされている。

学習指導要領によって統一的な基準を設けることのメリットは，全国どこで暮らしていても，一定の学習内容が保障されることにある。しかし，なぜ学習指導要領では，具体的に何を教えるかまで踏み込んで定めず，あくまでも大まかな内容基準を採用しているのか。

　かつての日本では，教授内容を国がすべて決定していた。第4期国定教科書『小学校国語読本』の冒頭は，「サイタ　サイタ　サクラ　ガ　サイタ」という文章から始まる。入学式を終え，子どもたちが真っ先に開く教科書であることを意識してつくったからである。しかし，入学式は4月上旬に行われるため，5月に桜が咲く北海道の子どもたちは学ぶ内容に強い違和感を抱くことになる。このように「サクラ」という教材1つとっても，地域においてその実情は異なる。そこで，学習指導要領では，あくまでも大まかな内容を定め，その詳細については，各学校に任せるものとしている。

　そこで各学校では，今まで述べた学校教育法・学校教育法施行規則・学習指導要領・地方教育委員会の設けた基準，そして憲法・教育基本法に従って，教育課程の具体的な編成に入るのである。ここで押さえたいことは，教育課程（カリキュラム）の詳細は，各学校が定めるということである。その責任者は校長であり，校長の意向も強く働くものとなるが，一教員になるあなたにも教育課程を編成する責任が生じる。とくに，学習内容の設定から各学校に委ねられている「総合的な学習の時間」などにおいては，あなたも責任者として，教科や領域のカリキュラム作成を命じられるかもしれない。そのためには，基準となる学習指導要領についてよく知っておく必要がある。

(4) 学習指導要領の歴史的変遷

　学習指導要領は，おおむね10年に一度程度改訂されている。学習指導要領を支えている考え方は経験主義から始まり，系統主義そしてまた経験主義とジグザグを描くかのように揺れ動いてきた。以下，図3.1を参考にしながら，簡単に学習指導要領の歴史的変遷をみておこう。

① 1947 年：学習指導要領（試案）

1945 年，日本が敗戦を迎えた結果，民主主義について学校でも教える必要が生まれた。文部省（当時）は，アメリカの影響を受けながら教育改革を進めていくこととなるが，それに合わせ，新しく刊行された学習指導要領（試案）では，戦前の国家統制型のカリキュラムを否定し，子どもの生活や地域の実情

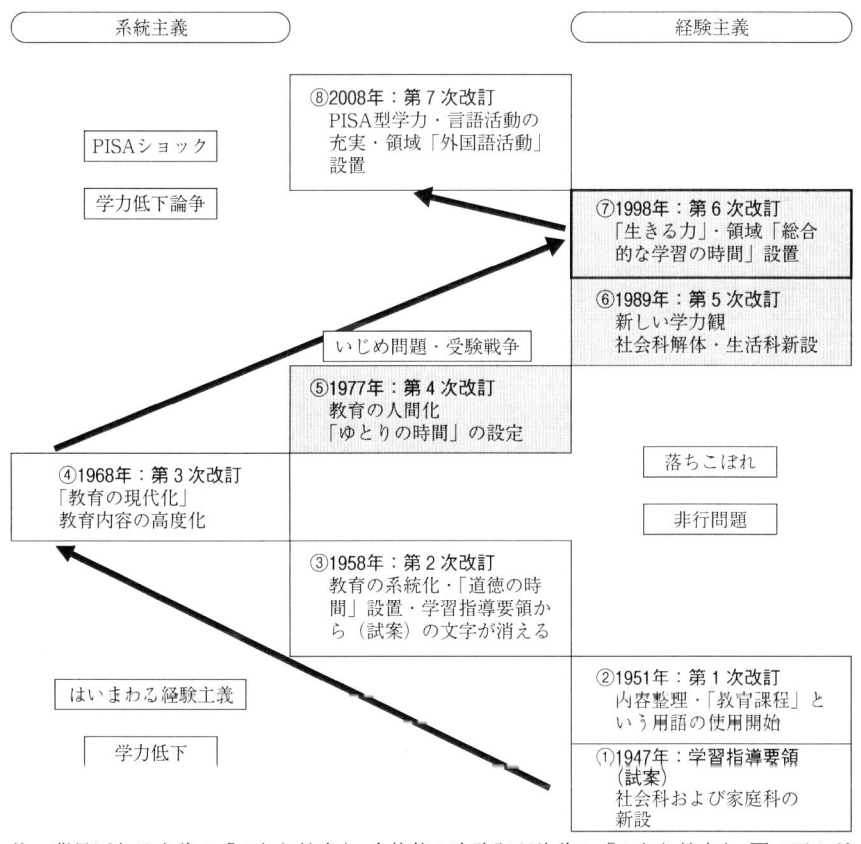

系統主義　　　　　　　　　　　　　経験主義

PISAショック

学力低下論争

⑧2008年：第7次改訂
PISA型学力・言語活動の充実・領域「外国語活動」設置

⑦1998年：第6次改訂
「生きる力」・領域「総合的な学習の時間」設置

⑥1989年：第5次改訂
新しい学力観
社会科解体・生活科新設

いじめ問題・受験戦争

⑤1977年：第4次改訂
教育の人間化
「ゆとりの時間」の設定

落ちこぼれ

非行問題

④1968年：第3次改訂
「教育の現代化」
教育内容の高度化

③1958年：第2次改訂
教育の系統化・「道徳の時間」設置・学習指導要領から（試案）の文字が消える

はいまわる経験主義

学力低下

②1951年：第1次改訂
内容整理・「教育課程」という用語の使用開始

①1947年：学習指導要領（試案）
社会科および家庭科の新設

注：背景灰色は広義の「ゆとり教育」，太枠第6次改訂が狭義の「ゆとり教育」。□で囲んだ文字は，主な教育上のトピック。改訂年は小学校学習指導要領によった。このほか，高等学校のみ 1956 年にも改訂が行われている。

図3.1　学習指導要領の変遷

第3章　持続可能な未来のための教育課程　65

に合わせて，各教師・学校が自由にカリキュラムを設定することを求めた。学習指導要領はあくまでも「試案」であって，それに従う必要はないとされ，経験主義に基づく教育課程が編成されることとなった。

これを受け，全国ではカリキュラム改造運動が促進され，社会科や現在でいう特別活動の時間をコアに据えたコア・カリキュラムが各地で実践された。埼玉県川口市での川口プランなどが代表的な例である。

②1951年：第1次改訂

戦後すぐに出された学習指導要領は，急いで作成されたため，第1次改訂では教科の枠組みが整理され，児童会活動などが「教科以外の活動」として設定されることとなった。

この第1次改訂を受けて出版された大日本図書の『さんすう　新版』では，「つりどうぐや」というごっこ遊び単元が設定されている。教師は，釣り竿など「つりどうぐや」に必要な道具を用意し，子どもたちは紙でお金をつくる。お店を担当する子どもは，実際に針金を曲げながら釣り針をつくり，値段を決めることとなる。このような生活単元学習と呼ばれる経験カリキュラムに基づいた学習の特徴は，子ども自身の生活体験（お店でものを購入する）から授業が始まるという点にある。当然，おつりの計算などを通じて，計算を学ぶ。同時に，釣り竿の形状から「まっすぐ」などの言葉を学び（国語的内容），実際の生活のなかで買い物ができることをめざすのである。このように，生活で直面する場面（問題）を想定し，授業を展開するカリキュラムが設定されていたのである。

③1958年：第2次改訂

上記①②の時代は，日本の戦後改革の時代であった。しかし，日本がサンフランシスコ講和条約を結び，独立回復を果たすと，戦前のような国家統制型の教え込み教育の復活を図る動きが生まれてくる。同時に，経験主義の教育に対しては，「はい回る経験主義」という批判が生じることとなった。「はい回る経験主義」とは，問題解決型の学習では，同じ学習問題を解決できないまま，ひたすら繰り返すことへの批判であった。また，経験主義の教育に対しては，体

系的に知識を教授していないがゆえに，漢字が書けないなどの問題が生じ，「学力低下」ではないかという批判も起きた。そこで，学習指導要領は，系統主義へと舵を切ることとなった。

また，戦前，国家主義的教育の中核を担う，道徳的内容を担当した教科「修身」は敗戦直後に廃止されたが，戦前復古の動きとも併せて「道徳の時間」が設置された。さらに，学習指導要領から（試案）の文字が消え，告示として法的拘束力をもつものとされた。その結果，学校が学校自らの手でカリキュラム（教育課程）を一からつくるという動きは縮小し，その復権は第6次改訂での「総合的な学習の時間」の登場を待つこととなる。

④ 1968年：第3次改訂

1959年，ソ連（当時）が世界で初の人工衛星「スプートニク号」の打ち上げに成功する。経験主義に傾斜していたアメリカはこの出来事に大きな衝撃を受けた。ロケットとミサイルはまったく同じ原理でつくられている。つまり，ソ連が，ロケットの先頭に核弾頭を乗せれば，アメリカ本土を一方的に核攻撃できるという事態をうけ，アメリカは一時的にパニック状態に陥った。教育界でも，経験主義による教育の結果，科学的，体系的な知識を教えられなかったことによって，核兵器を含む科学力でソ連に負けたのではないかとの反省が生まれ，系統主義へのシフトが生じた。その際，単に科学知識を詰め込もうというのではなく，研究が積み重ねられていた発達心理学の成果も受けて，子どもがどの発達段階でどのような科学的知識を教えればその知識を体系的に身につけるかが研究された。このような発達段階をふまえた系統主義的な教育が学校でも展開されることとなる。J. ブルーナーは，子どもの発達段階に合わせて学問の基礎的な概念や原理を提示するならば，子どもたちは無理なく，体系的な学問的知識を身につけることができるとし，基礎的な概念や原理を子どもたち自身の手で見いだし，法則性を発見することを通じて学習する「発見学習」を提唱した。

日本の学習指導要領でも，このような「教育の現代化」と呼ばれる動きを受けて，教育内容の高度化が図られた。

⑤ 1977年：第4次改訂

　学習内容の高度化の結果，高度な科学的内容に対し教える時間が不足したため，ただ暗記させるような詰め込み教育が行われるようになった。このような詰め込み教育についていけない生徒達は，徐々に学習をあきらめ，落ちこぼれていくこととなる。

　校内暴力の発生，不登校，そして受験競争などによる子どもたちの荒れが指摘されるようになり，「教育の現代化」に対して，「教育の人間化」が主張されるようになった。日本人の働きすぎが世界的にも批判されるようになり，学校でもゆとりをもった展開が求められるようになった。このような社会的要請に応え，文部省では教育内容の精選による削減を行い，授業時間数を減少させた。また，学校裁量の時間として「ゆとりの時間」が設定されることとなった。この改訂から，再度，経験主義への転換となった。（広義のゆとり教育の開始）

⑥ 1989年：第5次改訂

　1984年，首相直属の諮問組織として新たに臨時教育審議会が設置され，教育における個性重視をうたった同審議会答申を受け，学習指導要領の改訂が進められた。そこでは，自ら学ぶ意欲と社会の変化に主体的に対応できることがめざされ，それまで知識・理解を重視していたが，関心・意欲・態度や思考力・判断力など高次の学習能力・態度を重視するようになった。この変化がのちに「新しい学力観」と呼ばれるようになった。

　いっぽうで，戦後教育改革の目玉であった社会科が，高等学校では地理歴史科・公民科に分割され，「社会科解体」が行われた。小学校1，2年生の社会科も理科と融合され，子どもの興味・関心にそって体験活動を行う新教科，生活科が成立した。このような活動や体験を重視する方向性は，これ以降の教育改革でも拡大・継続されていくこととなる。

⑦ 1998年：第6次改訂

　ソ連とアメリカの対立が終結し，経済がグローバル化し，ＩＴ技術が急速に発達していった。グーグル検索すれば，何でも調べることができる環境に，子どもたちは突然投げ出されることとなった。

このような背景を受けて，自ら課題を見つけ考え解決する力を育てるために「総合的な学習の時間」が設定されることとなる。総合では，学び方を学ぶというメタな学習が推進されることとなった。知識は，常に更新されなければならない以上（ＩＴ技術はすばやく更新され，覚える知識がすぐに陳腐化してしまう），知識を覚えるよりも，知識を参照する力が求められるようになったのである。この「総合的な学習の時間」は，学校が内容などについて設定する領域であり，子どもの興味・関心に従って学校自らカリキュラムを設定するものとされた。このため，とくに内容は示されず，混乱も生じた。しかしながら，例示された，環境・情報・福祉・国際の４領域を軸としたさまざまな実践が試みられた。

3-3　第７次改訂の学習指導要領

　2016 年現在の学習指導要領は，⑧ 2008 年：第７次改訂によるものである。
　⑤ 1977 年：第４次改訂のときから展開されてきた「ゆとり教育」路線（広義のゆとり教育），また⑦ 1998 年：第６次改訂に基づく知識を重視しているとはいえない「ゆとり教育」（狭義のゆとり教育）に対しては厳しい批判が展開されてきた。
　2000 年から始められた OECD による国際学力調査（PISA）では，「読解リテラシー」で日本は８位だったにもかかわらず，2003 年にはこの順位が 14 位まで低下し，学力低下は目に見えるかたちで示されることとなり，論争には一定の終止符が打たれた。また，2003 年には教育基本法が改正され，学校教育法も併せて改正されることとなった。

（１）第７次改訂の学習指導要領の特徴
　学習指導要領では，「知識基盤社会」における「生きる力」を育てることを目標としている。「知識基盤社会」では，新しい知識の獲得競争が国際規模で行われており，その刷新はめざましいスピードで進められ，また知識などの重要性が増している社会であるとされる。そこで，この「知識基盤社会」での「生きる力」は，第６次改訂時のいう「生きる力」のように「自ら課題を見つ

け，自ら考え，主体的に判断し，行動し，よりよく問題を解決する資質や能力」だけにとどまらず，知識や技能などの「基礎・基本を確実に身に付け」ることが求められる。このような「確かな学力」を育むことが学校には求められることとなる。

　また，PISA 調査で課題となった，記述式答案になると白紙回答が大量に出た表現力の問題を受け，各教科でも「言語活動の充実」がうたわれ，そのための内容や活動が組織された。思考能力の育成を中軸としたクロスカリキュラムとでもいうべき，言語活動が設定されているのも特徴である。

　近年の学力観は，PISA 型の学力（キーコンピテンシー）に影響を受けている。OECD によれば，コンピテンシーとは，単なる知識や技能だけではなく，技能や態度を含むものであり，複雑な課題にも対応することができる力のことであり，キーとなるコンピテンシーとは具体的に，社会的に異質な集団でともに活動できる力，自律的に活動できる力，そして知識や情報を活用できる力のことと暫定的に定義されている。

　この OECD の学習論を受けて，学校教育法では，「基礎的な知識及び技能」を確実に「習得」させるよう求めており，また思考力・判断力・表現力は，基礎的な知識・技能を「活用」して育むことを求めている。そして，この基礎的な知識・技能と思考力・判断力・表現力を総動員し，課題解決に取り組む「探究的な学習」が行われるものとされている。「習得」と「活用」は主に教科で，「探究」は総合的な学習の時間に行われるものとされるが，各教科においても「習得」→「活用」→「探究」の学習プロセスが設定されている。教育課程を編成する際には意識しておきたい。

（2）持続可能な社会

　国連 ESD の 10 年（2005～2014 年）は，ヨハネスブルグサミットにおける日本の小泉純一郎首相（当時）の提言によって始められたものである。ESD とは，「持続可能な開発のための教育」の略称であり，未来世代との公平性と現役世代内での公正性をふまえた社会づくりをめざし，そのような社会づくりができ

る人を育てる教育のことである。このESDの10年を受けて，国内ではユネスコスクール加盟校が拡大し，同時に学習指導要要領でも，「持続可能な社会」という文言が中学校社会科や理科など一部教科において目標や内容に明記されるようになった。

　では，「持続可能な社会」という理念のもととなった環境教育は，日本の教育課程においてどのように展開してきたのであろうか。

3-4　環境教育と持続可能な未来のための教育

（1）教育課程における環境教育の歴史

　環境教育の源流の1つに公害教育があげられる。この公害教育は，図3.1の④1968年：第3次改訂では，公害問題が社会問題化したことを受け，学習指導要領に「公害」の文字が明記された。第3次改訂では，地域開発や自然保護などを取り上げることが求められていたが，1970年の「公害国会」では，その内容の甘さが批判され，内容の一部改訂へと至った。

　いっぽう，環境教育は1970年代に始まる国際的な動きを受けて，日本でも取り組まれるようになった。公害教育では，産業との結びつきが強く，公害企業を糾弾するタイプの授業も目立ったが，地球温暖化などの地球環境問題は，人々の過度な消費生活から生じている広く一般的な問題である。水質汚濁問題などは，工場排水も問題ではあるが，生活排水もまた問題となる。環境問題解決には，ライフスタイルそのものを転換する必要性が強く意識されるようになった。

　しかし，日本の教育課程上での環境学習は，教科にまたがって展開されている。たとえば，温室効果をもたらす二酸化炭素についての学習は理科，地球環境問題の解決に向けた取り組みは社会科，大量消費を自省し，ライフスタイルを見直す学習は家庭科などと教科をまたいでいる。このような背景もあり，教育課程における環境教育の位置づけの検討が必要となった。これを受け，1991年に「環境教育指導資料（中学校・高等学校編）」，1992年に「同（小学校編）」が公表され，⑥1989年：第5次改訂を受けた，改訂教育課程の実施（1992年

から）に向けて，環境教育の充実が計られることとなった。

（2）環境教育の困難

　上述のとおり，環境教育や開発教育，国際理解教育など1970年代以降に登場した教育領域・教育運動は，問題や内容を中心に構成されているため，教科を中心とした日本の教育課程とは齟齬が生じることが多い。各教育領域ともに，固有の目標と内容をもつため，教育課程上の各教科や領域をまたがざるを得ないのである。

　2014年に発行された『環境教育指導資料（幼稚園・小学校編）』では，教育課程の編成や実施の際には，環境に関する学習の充実のために，それぞれの教科等の間で，関連を図るよう求めている。たとえば，幼稚園では領域「環境」を中心に取り扱うことが推奨されている。また，小学校では，環境に関する内容が学習指導要領に記載されている社会科・理科などや，諸活動に取り込むことができる総合的な学習の時間・特別活動で，環境についての学習・体験を行うよう推奨している。このように「環境」「開発」「国際」という課題を教育課程のなかで取り扱おうとした場合，教科・領域間でばらばらに展開されることになりかねず，環境教育の目標達成が困難となる。

　このため，従来から，環境教育のみならず，諸教育領域では次のようなアプローチを取ることが多かった。第一に，教科化の試みである。第二に，ユネスコスクールなどのESD実践で行われるインフュージョン・アプローチである。これは，教科・領域のなかに，教授・学習にふさわしい場所を見出し，内容を折り込もうとする試みである。まず，〇〇科という教科化のメリットについて検討してみよう。

　環境科のように教科として設定された場合，確実に学習が実施されることとなり，必修教科となればすべての子どもが学習する機会を得ることとなる。その意味で，環境教育の目標を実現する教科化が実現されれば，持続可能な未来のための教育の実現の第一歩になることはまちがいない。しかし，今まで各教科・領域に分散していた内容は，一教科に統合・整理され，教科・領域間の連

携が失われるだろう。クロスカリキュラム的に内容が分散していたものが，教科分立カリキュラムのように変化し，「環境のことは，環境科で」という問題が生じかねない。

このような問題は，「道徳の時間」が「特別な教科　道徳」へと変化する平成30年にも生じることとなるだろう。現行学習指導要領では，道徳教育は全教科・領域で展開されるものとされ，「道徳の時間」はその要としての位置づけが教育課程上与えられている。ところが道徳が教科化することによって，教員だけでなく子どもの側にも「道徳は道徳科で学ぶものである」という意識が生じることは想像に難くない。このように，教科化にはメリットもデメリットも存在するのである。

（3）「総合的な学習の時間」の登場によるインフュージョン・アプローチの拡大

以上のような背景もあり，環境教育は長年，教科・領域のなかに，教授・学習にふさわしい場所を見いだし，内容を折り込もうとする試みを繰り返してきた。とくに，⑦1998年：第6次改訂では，領域「総合的な学習の時間」が設置されたことにより，教育課程のなかでの環境教育は広く展開されるようになった。

第7次改訂の学習指導要領における「総合的な学習の時間」では，子ども自身による「探究的な学習」が求められている。日常生活や社会に子どもたちが目を向け，自ら課題を設定し，それを探究する。情報を収集し，整理・分析し，そしてレポートやプレゼンテーションを行う（言語活動の充実）ことが求められており，このような課題解決活動を通じて学び，新たな探究過程を繰り返していく。問題解決学習，経験カリキュラムともいえるこのような学習過程を通じて，子どもたちは成長していくのである。この自ら設定する課題として，地域における自然環境や地球環境問題などを据え，持続可能な社会の実現をめざす活動を展開していくのである。

(4) クロスカリキュラムとしての環境教育・ESD

しかし,「総合的な学習の時間」だけで環境教育を展開することには限界がある。また,ESD が普及するなかで教育課程の新たな展開も生まれている。ESD では,環境のみならず,国際理解や人権,平和など,社会全体の持続可能性の問題も学習すべき内容に含まれる。そして,「持続可能な社会づくり」の担い手を育成するという目標の下,学校全体を ESD に向けて変えようという動きが生まれてきた。このような ESD のホールスクールアプローチ,つまり学校全体を ESD のための組織・内容に変更し,教育課程そのものを見直そうという動きも生まれてきている。「ESD カレンダー」を作成することで,各教科・領域でばらばらになっている環境などの内容をつなぎ合わせ,教育課程全体を見直そうという動きがあるが,これについては,第7章の図7.3 および図7.4 を参照されたい。

このように総合的な学習の時間や生活科での年間指導計画を中軸にして,ほかの教科・領域との連携を意識し,カリキュラム（教育課程）を ESD に向けてつくり替えようという試みも行われているのである。

3-5　持続可能な未来のためのカリキュラムに向けて

(1) 霞ヶ浦流域におけるアサザプロジェクトとその学習

茨城県牛久市は,霞ヶ浦とその流域にある地域である。同じ流域にある小学校では,希少種の浮葉植物であるアサザを学校や家庭で育て,湖に植え付ける活動を行っている。この取り組みは,学校発ではなく,霞ヶ浦の再生をめざす地元の NPO 法人アサザ基金による出前授業から始まり,広がりをみせた。

同地にある神谷小学校は,このアサザ基金による取り組みを総合的な学習の時間に取り込んだ。総合的な学習の時間で,校内ビオトープの観察,学校周辺の環境調査などを行い,「牛久市未来図プロジェクト」として地域の人々と生き物にやさしい町づくりをめざした活動を行った。そして,地域に古くからあり,しかし放棄されていた「谷津田」（谷津とは谷にある湿地を意味であり,そこにある田んぼのこと）での米づくりを通じて,地域の再生をめざすのである。

「谷津田」は霞ヶ浦への水の供給源であり，生き物の住む場所でもある。米づくりの場でもあると同時に，里山保全にもつながるものとなっている。

　ここで重要なことは，本実践が学校だけの努力で生まれたものではないという点である。地域にある素材「谷津田」の環境上の重要性を見つめ，子どもたちに対して授業を通じて学ぶ教材としての価値を見いだし，学校に紹介したのは地元のNPO法人アサザ基金の人々であった。それを総合的な学習の時間の主教材として受け入れ，最終的に「谷津田」の重要性に気づくようなカリキュラムを展開したのが学校であった。この例のように，教育課程を策定する際には地域の人々との協働もまた求められることはいうまでもない。

（２）教育課程の策定に向けて

　地域の人々との協働と今述べたが，では，未来のためのカリキュラムとして，教育課程を策定する際には何が求められるだろうか。

　現在，新しい教育課題として，子どもたちが自らの権利・義務を理解し，それを適切に行使し社会参加をめざす市民性教育が求められるようになっている。さらに，2016年からは18歳選挙権が実施され，国家・社会へと参画する年齢も引き下げられることとなっている。このような新しい現実を前に，学校はどのような教育課程を編成すべきなのだろうか。

　まず，高等学校においては18歳を迎えた生徒と教師は，政治的に対等であり，学校外ではともに市民として遇されるということを意識する必要がある。文部科学省は，学校内における政治活動に制限をかける通知を出しているが，これから市民として未来をつくり出す子どもたち，つまり目の前の生徒たちが学びたい内容を教育課程に取り込むことは，ともに社会に生きる市民としての教師の義務ともいえるだろう。いっぽう，地域の人々や児童・生徒の保護者に対する説明責任もさることながら，上述したアサザ基金の取り組みのように，学校が地域社会の一員として，学校外の組織と連携しながら教育課程を策定することもまた求められることとなってくる。

　学校に関するステークホルダーを招き，教育課程を編成することを考える

ことも重要だろう。学校における教育課程は，学習指導要領などに従い編成される。最終的な責任は学校，校長が負うことになるが，子ども・保護者・地域・そして社会全体の要求に従いながら，ともにカリキュラムづくりを行うことは可能であろう。このとき教師は，カリキュラムデザイナーとしての能力だけでなく，カリキュラムコーディネーター，あるいはアレンジャーとしての能力が求められることとなる。地域の人々や保護者の思い，子どもたちの願い，教師としての使命や責任感を紡ぎ合わせ，子どもと地域の実情にあった教育課程をつくりだすことが求められる。

（3）100年後の子どもたちを見据えて

　従来，教育課程＝カリキュラムは，子どもの興味・関心をふまえた場合，経験カリキュラム，問題解決型の学習として組織されることが少なくなかった。そこで解決されるべき問題・課題は，環境問題であれば，地域の身近な環境課題であったり，地球環境問題であったりした。これらの問題は，地域の一員としての子ども，そして未来を生きる子どもたちが必ず解決しなければならない問題ではあるけれども，今現在子どもたちの眼前に広がる問題でしかない。

　100年後の未来を考えてみよう。そこではどのような暮らしが営まれているのだろうか。100年後も地球が続いているのならば，必ず「持続可能な社会」となっていることはまちがいない。では，その100年後の子どもたちは，どのような人間として成長しているのだろうか。つまり，100年後の社会を持続可能な社会を前提とした場合，そこで求められる知識や能力，技能などを目標としてカリキュラムを検討すると，どのような能力を2010年代の今，育成すればよいのだろうか。このような「未来社会」からみて，今育成すべき能力を俯瞰し，学習指導要領などを読み，バックキャスティングの考えに基づいて教育課程をデザインすることも必要といえる。

　子どもたちはどのような未来で生きたいと考えているのか。持続可能な未来社会において求められる能力とはどのような能力なのか。その能力を100年後に完成させるとして，今，どのような内容をどのような順序で配列し，子ども

たちに示すべきなのか。

　現行学習指導要領では問題を解決する能力を育成することが求められ，変化する社会に主体的に対応できる能力育成が求められている。しかし，変化した社会に対応した未来を想定し，そこで求められる知識・技能・態度から改めて教育課程をみた場合，今何をすべきなのかを考えてみることも必要であろう。

> **読者のための参考文献**
> ・（特活）開発教育協会内 ESD 開発教育カリキュラム研究会編『開発教育で実践する ESD カリキュラム』学文社，2010 年
> ・『環境教育（特集：「環境教育の教科化」について考える）』Vol.24, No.1, 日本環境教育学会，2014 年
> ・江東区立八名川小学校「ESD カレンダー作成の手順」(http://yngw.sakura.ne.jp/topics/ESDcalendar/howtomakecalender.pdf)，2012 年
> ・鈴木敏正他編著『環境教育と開発教育』筑波書房，2014 年
> ・日本ユネスコ国内委員会『ユネスコスクールと持続発展教育（ESD）』2012 年
> ・文部科学省『小学校学習要領解説総則編』2008 年

第4章

グローバル・スタンダード時代における学力／能力
―ケアリングとジェンダーの視点から―

> 本章では，OECDのキー・コンピテンシーやPISAリテラシーといった学力論のトレンドについて概観したあと，「もう1つの教育」としてのケア論に着目し，持続可能な未来のための教育について考察する。その際にまずは学校教育を中心とした「教育」に潜むジェンダー・バイアスについて（環境教育におけるそれについても）言及する。そのうえで，ディシプリンを超えた教科と時間を有する日本の教育課程の独自性についても明らかにすることによって，今後の新しい教育を展望する手がかりを導き出したい。
>
> 地球全体が危機的状況にあるなか，持続可能な未来の創造には「ケア」する力量形成が今後必要不可欠であり，その観点からすれば，「教育」をめぐる言説そのものを再考する分岐点にある。つまり歴史的にみればこれまで女性に求められてきたケアリングが，今後は男性を含めてさらに必要となる時代に突入したといえるのかもしれない。グローバル・スタンダードな「学力／能力」の意義を受容しつつも，単に無自覚に受容するのではなく，熟考するきっかけの場を提供するのが本章のねらいである。

4-1　グローバル・スタンダード時代における学力／能力

(1)「学力」という言葉の曖昧性

皆さんは，学校に通うことによって「学力」を身につける，ということを当たり前のことのように考えているだろう。そして，「学力低下」が叫ばれて久しいけれど，その原因は「ゆとり教育」にある，と考えている人も多いだろう。しかし，そもそも「学力」とは何だろうか。一般的には，知識の習得度合を点数化したものとイメージされる傾向にあるが，実は「学力」という言葉は曖昧

に使われており，議論が錯綜しがちだといわれている。「学力」と「能力」の区別も明確ではない。教育学研究の専門家の間でも「学力」という用語を使用するか否かをめぐり相反する主張があり，あえて「学力」という言葉を使わないようにする研究者も多い。そこで，ここではひとまず「学力」という言葉をきわめて狭く限定し，勝田守一による「学力は学校で育てられる能力」としてとらえてみよう。

「分数のできない大学生」などといわれる背景には「学力低下」，とくに「基礎学力」すなわち，すべての学習の基礎となる3R's（読む・書く・計算する）が低下したことに対する危機感の表れがある。それはまた，政府や経済界が求める国際競争力に強い人材を輩出できなくなるという危機感にもつながってとらえられがちである。しかし一方で，学校教育を受ける機会を奪われた多くの途上国の女性たちが経験しているように，3R'sを習得できていないがゆえに，自分に不利な契約であることに気づかず騙されてしまうといった例もある。そう考えると，「基礎学力」とは社会のなかで生きていくうえでの基礎，すなわち「人間にとって不可欠な基礎」であるといえるだろう。

佐藤学（2014：29-30）は「学力は一種の貨幣」として，次の3つの機能をもつとしている。3つの機能とは，①評価基準（音楽や英語など多様な異なる学びの経験を同一尺度で値踏みする評価基準である），②交換手段（入試や雇用の局面において，必ずしも一致しない採用者の要求と志願者の能力の関係を間接交換として合理化する），③貯蓄手段（蓄積それ自体を欲望する唯一の教育概念であることによって，学習活動に計画性と継続性を与え，さらには蓄積の欲望が投資としての教育活動の基礎になっている）である。貨幣の価値が通貨市場の相場において絶えず変動しているように，学力の価値も社会と経済の状況において絶えず変動していることを指摘している点は，今日のように社会全体がグローバルに激変する時代における学力のとらえ方として重要である。

いっぽう，今日のような高度なグローバル社会においては，生き抜くために必要なものとして，知識習得型の「学力」論よりも，それらをいかに使いこなして生き抜くかという「能力」論が台頭し，「コンピテンシー」や「リテラ

シー」といった言葉自体が標準化しつつある時代に入ってきた。

　一般的には,「あなたには学力がある」というよりも,「あなたには能力がある」というほうが喜ばれる。そういう意味では,社会の現実に合ってきたともいえるかもしれない。

（2）OECDのキー・コンピテンシーとPISA型学力

　グローバル化,知識基盤社会と呼ばれる近年,大きな影響力をもつのはOECD（Organization for Economic Co-operation and Development：経済協力開発機構）のPISA（Programme for International Student Assesment：学習到達度調査）である。日本の教育界では2004年12月に公表されたPISA2003の結果が大きな波紋を広げることとなった。数学的リテラシー,科学的リテラシーは最上位の国々と統計上有意差がなかったが,読解リテラシーの平均点はOECD平均程度で,順位も2000年調査の8位から14位に下がった。その後,「PISA型学力」といったかたちで初等・中等教育の現場に浸透し,2007年から文部科学省の「全国学力・学習状況調査」（全国学力テスト）が実施され,その結果が出るたびにマスコミに注目されてきたのである。

　しかし,もともとこのPISAリテラシーは,OECDが1997年から実施してきたDeSeCo（Definition and Selection of Competencies）プロジェクトで提唱されたキー・コンピテンシーのなかの「道具を相互作用的に用いる」能力の一部を測定可能にしたものである。この「道具」には,言語・シンボル・テクスト,知識・情報,テクノロジーなどが含まれており,これらを使いこなす能力がPISAの読解リテラシー,数学的リテラシー,科学的リテラシーである。本来ならばほかのキー・コンピテンシーと相互関連性をもつものであるにもかかわらず,少なくとも日本では,ほかのキー・コンピテンシーとは切り離され,「PISA型学力」「活用力」といったかたちで学校教育の現場に浸透し,指標化された一部だけが注目されている点には注意が必要である。

　OECDのキー・コンピテンシー（図4.1）は,「個人の人生の成功（クオリティ・オブ・ライフ）」と「うまく機能する社会」を意識したものであるが,こ

```
1．相互作用的に道具を用いる
        A  言語，シンボル，テクストを相互作用的に用いる
        B  知識や情報を相互作用的に用いる
        C  テクノロジーを相互作用的に用いる
2．異質な集団で交流する
        A  他人といい関係を築く
        B  協力する，チームで働く
        C  争いを処理し，解決する
3．自律的に活動する
        A  大きな展望の中で活動する
        B  人生計画や個人的プロジェクトを設計し実行する
        C  自らの権利，利害，限界やニーズを表明する
```

図4.1　OECDのキー・コンピテンシー

出所：ドミニク・S・ライチェン，ローラ・H・サルガニック（2006）より作成

```
1．思考の方法
        ①  創造性とイノベーション
        ②  批判的思考，問題解決，意思決定
        ③  学び方の学習，メタ認知
2．働く方法
        ④  コミュニケーション
        ⑤  コラボレーショノン（チームワーク）
3．働くためのツール
        ⑥  情報リテラシー
        ⑦  ＩＣＴリテラシー
4．世界の中で生きる
        ⑧  地域とグローバルのよい市民であること（シチズンシップ）
        ⑨  人生とキャリア発達
        ⑩  個人の責任と社会的責任（異文化理解と異文化適応能力を含む）
```

図4.2　米国の21世紀型スキル

出所：P.グリフィン・B.マクゴー・E.ケア／三宅なほみ監訳（2014）に一部加筆

うしたコンピテンシーの育成を目標とするナショナル・カリキュラムや教育スタンダードの策定が1990年代末から2000年代にかけて世界的潮流となってお

り，たとえば，「21世紀型スキル」（米国），「汎用的能力」（豪州），「キースキル」（英国）などさまざまな名称が使われている。たとえば，OECDのキー・コンピテンシーと並んで代表的な例とされる米国の「21世紀型スキル」の内容は，図4.2のとおり大きく4つに分類されている。

このようにみると，ICTが特記されているものの，キー・コンピテンシーと似ていることがわかる。知識だけではなく，スキル，さらに態度を含んだ人間の全体的な資質・能力へ，そして，「何を知っているのか」から「何ができるのか」，実生活・実社会における知識の活用へ，というのが世界の教育界のトレンドといえるだろう。こうした動向をどのように受け止めるかは別として，教職にたずさわる者の基本的な知識として備えておくべきものである。

（2）日本における「生きる力」と「確かな学力」「21世紀型能力」

上記のような国際的なトレンドのなかで，日本の動向はどうだろうか。

文部科学省は，総合的な学習の時間を創設した1997（平成9）年学習指導要領において，変化の激しいこれからの社会を生きる子どもたちにとって必要な「生きる力」を支えるものとしての「知・徳・体のバランス」の重要性を指摘した。すなわち「確かな学力」（知識・技能に加え，学ぶ意欲や，自分で課題を見つけ，自ら学び，主体的に判断し，行動し，よりよく問題を解決する資質や能力など），「豊かな人間性」（自らを律しつつ，他人とともに協調し，他人を思いやる心や感動する心などの豊かな人間性），「健康・体力」（たくましく生きるための健康や体力）のバランスである。

そして，日本の子どもたちの学力は，国際的にみて成績は上位にあるものの，①判断力や表現力が十分に身についていないこと，②勉強が好きだと思う子どもが少ないなど，学習意欲が必ずしも高くないこと，③学校の授業以外の学習意欲が必ずしも高くないことなど，学習習慣が十分身についていないことなどの点で課題が指摘されているほか，学力に関連して，自然体験・生活体験など子どもたちの学びを支える体験が不足し，ヒトやモノとかかわる力が低下しているなどの課題を明示した。

その後，2007（平成19）年6月には「学校教育法」の一部が改正され，学力の内容が下記のように示された。

> 第30条
> 2　前項の場合においては，生涯にわたり学習する基盤が培われるよう，基礎的な知識及び技能を習得させるとともに，これらを活用して課題を解決するために必要な思考力，判断力，表現力その他の能力をはぐくみ，主体的に学習に取り組む態度を養うことに，特に意を用いなければならない。

つまりここには，①基礎的な知識および技能の習得，②これらを活用して課題を解決するために必要な思考力，判断力，表現力その他の能力，③主体的に学習に取り組む態度，といった3つの学力重点項目が示されている。

「総合的な学習の時間」自体は，その後，「ゆとり教育」批判にさらされることになったが，近年では全国学力テストの結果，総合的な学習の時間における探究活動を積極的に行った学校の平均正答率が高いといった結果が出ている。また，日本のPISA調査結果が良好になった理由として，総合的な学習の時間と教科学習とのクロスカリキュラムにOECD本部が着目するなど，むしろ近年では総合的な学習の時間を再評価する動きが出てきている点は注目に値する。

さらに，持続可能な未来にむけて今後求められる能力についても，国立教育研究所教育課程研究センターが『学校における持続可能な発展のための教育（ESD）に関する研究最終報告書』（2012年）として発表した。そこでは，「持続可能な社会づくり」の構成概念（①）と，ESDで重視する能力・態度（②）について整理したあと，先述のキー・コンピテンシー（③）と関連づけて，具体的な授業実践までもが紹介されている。ちなみに，上記①～③の内容を筆者なりにマトリックスにまとめたものが表4.1である。

その後，国立教育政策研究所教育課程研究センターは，2013（平成25）年3月に，『社会の変化に対応する資質や能力を育成する教育課程編成の基本原理』（国立教育政策研究所プロジェクト研究（平成21～25年度））のなかで，「21世紀型の能力」について，図4.3のように提起した。

表 4.1 「持続可能な社会づくり」の構成概念(例)と ESD の視点に立った学習指導で重視する能力・態度(例)とキー・コンピテンシーとの関係

キー・コンピテンシー			相互作用的に道具を用いる			異質な集団で交流する		自律的に活動する	
ESD で重視する能力・態度			批判的に考える力	未来像を予測して計画を立てる力	多面的,総合的に考える力	コミュニケーションを行う力	他者と協力する態度	つながりを重視する態度	進んで参加する態度
「持続可能な社会づくり」の構成概念	人をとりまく環境(自然・文化・社会・経済等)	多様性							
		相互性							
		有限性							
	人(集団・地域・社会・国)の意思や行動	公平性							
		連携性							
		責任性							

出所:国立教育政策研究所 (2012) を参考に筆者作成

図 4.3 21 世紀型能力

- 生きる力
- 21世紀型能力
- 実践力
  - ・自律的活動力
  - ・人間関係形成力
  - ・社会参画力・持続可能な未来への責任
- 思考力
  - ・問題解決・発見力・創造力
  - ・論理的・批判的思考力
  - ・メタ認知・適応的学習力
- 基礎力
  - ・言語スキル
  - ・数量スキル
  - ・情報スキル

出所:国立教育政策研究所『社会の変化に対応する資質や能力を育成する教育課程編成の基本原理』2013 年,p.83

　同プロジェクトは,先に示した諸外国における能力論を吟味検討したうえで示されたものであり,今後の学力論に大きな影響を与えると思われる。

> 知識基盤社会において求められるリテラシーは,「読み,書き,算」といった基礎的な知識・技能を身につければよいといったものではない。商品の説明書や地図などのさまざまなテキストを読んだり,保険契約書などの数字やグラフを理解したり,コンピュータで検索して情報を収集したり,放射線に関する正しい理解や地球温暖化,省エネルギーなどの環境問題に配慮した生活の在り方を工夫するなど,仕事,家庭,地域などの日常生活のなかで,非常に高度なリテラシーが必要とされるようになってきている(国立教育政策研究所 2013:87)

ここで,「自律的活動力,人間関係形成力,社会参画力・持続可能な未来への責任」(図4.3)を視野に入れた学力となっているなか,上記のように,具体的に環境問題に配慮した生活のあり方の工夫などについて例示していることは,後述する「ケア」とも関連して重要である。

いずれにせよ学力のグローバル・スタンダード化は日本においても着実に進行しているといえるだろう。しかし,どのような社会を達成するのかについて,めざすべき方向性がみえないことが気になる。

4-2 「ケア」への着目とジェンダー視点からの再考

(1)「もう一つの教育」としての「ケア」への着目

上記のようなスタンダード化が進行するなかで,あらためて注目されているのがケアリング理論であり,学校教育における「ケア」の重要性について包括的に論じているのがネル・ノディングスである。氏は,「現在の力点が学力におかれていることは,大人たちは生徒たちをケアしていないのだという生徒の感情を,実際に助長するだろう」(ノディングス 2007:13)とし,学校の第一の任務は子どもたちをケアすることであり,能力獲得の学力だけに力点をおかず,ケアリングに向けても教育していくことの必要性を提起している。

ノディングスのケアリング論の最大の特徴は,ケアリングの本質を,ケアする者の一方的な行為としてではなく,ケアする者とケアされる者との間に生成する関係性に見いだした点である。そして,『学校におけるケアへの挑戦』において,ケアリングを基盤にした学校教育の再編について,2つの重要なポイ

ントを提起をしている。すなわち，第一に，ケアリングを中心にしたカリキュラム編成の構想，第二に，子どもがケアする者として成長するうえでの教師の役割である。

　上記カリキュラムについては，これまでの教科がその学問分野のディシプリンに基づくものであったのに対し，独自の6つの領域すなわち「自己のケアリング」「内輪（身近な仲間）へのケアリング」「見知らぬ人や遠く離れた他者へのケアリング」「動物，植物，地球へのケアリング」「人間によってつくられた（人工の）世界へのケアリング」「理念へのケアリング」を構想している。つまり，先述の日本における「21世紀型能力」のなかで「ケア」に直接的にかかわるものとしては，「人間関係形成力」が該当すると思われるが，ノディングスは「人間」だけを対象とするのはなく，「動物，植物，地球」や「人間によってつくられた（人工の）世界」といった，より広い事象を対象としている。そして，「能力」を「評価」するだけでなく，関係性のなかの「承認」を重視しているのが特徴であり，そこには後述する"with"の考え方と通底しているといえる。

　「ケア」論で著名な書物としてはキャロル・ギリガンの『もう一つの声』がある。従来の発達心理学において成熟の指標として重視されてきた「自立性の獲得」「権利主張能力」「正義の判断能力」などは男性中心の発想のバイアスがかかっており，他者への配慮（ケア）などの資質もまた重要な成熟の指標たりうるにもかかわらず従来見落とされてきたのは，それが女性と結びつけられていたからであると提起したものである。しかし同書は，ケアを女性の特性として固定化する危険性をはらんでいたために，多くのフェミニストがこのケアの論理を促進することを恐れた。いっぽう，ノディングスは，今や男の子同様，女の子にとっても数学的経験が重要であると考えられているように（ノディングス自身も数学の修士号取得），男の子にも女の子にもケアする経験をもつよう望むべきであることを明確に論ずることで，このような課題を乗り越えている。逆にいえば，このようにわざわざ明言しなくてはならないほど，「ケア」は従来，女性に求められてきた能力だったともいえるだろう。

(2)「ケア」からみえる「教育におけるジェンダー・バイアス」と格差再生産

　上記のように，「ケア」は従来，女性に求められてきた能力であった。つまり，身につけるべき「学力／能力」が，歴史的には性別によって異なっていたことに注意する必要があるということである。「ケア」はもともと「家庭」のような私的領域で展開され，その担い手は女性によるアンペイド・ワーク（無償の労働）であり，評価の対象にもならなかった。それに対して，政治経済のような公的領域の担い手は男性であり，評価の対象とされてきたのである。

　そもそも教育における性差のルーツは，ルソーの『エミール』にもみることができる。ソフィーという「女性の教育」について，男性に気に入られ，役に立つよう，すべて男性に関連されて考えるべきことが書かれていた。ボーボワールの『第二の性』における「人は女として生まれるのではない，女になるのだ」という言葉も有名である。つまり，女性は男性に従属する存在として教育される対象だったのである。

　「学校教育の成立と発展」に関連づけてみれば，近代公教育としての学校教育の成立はジェンダーと切り離して考えるわけにはいかない。たとえば日本では，学制が公布された明治期に，家制度と近代公教育をセットにして国民形成をはかったことはよく知られるとおりである。学校教育と家庭教育が両輪となった良妻賢母育成のための女子教育論が展開され，寺子屋・旧帝大は男子のみ，賢母になるためには，単に教育を受けるだけでなく，教師の経験も必要ということで，女子は女子師範学校へという，良妻賢母思想と公教育体制があったのである。その後も，戦前の教育制度では，男女別学体制が中等教育段階以降において維持されており，「女子向きの教育」と「男子向きの教育」とが，明確に区別されていた。そこには質的な相違と序列があり，性による教育制度の相違は，当然のことながら「男は仕事，女は家事・育児」という性別役割分業を前提にしていたのである（小山　2009）。

　日本は，OECD諸国のなかで，とくに女性の労働力率のM字型曲線が顕著であることがよく知られている。つまり，学校を卒業後に何らかの職業に就く（労働力率が上がる）が，結婚・出産を機にいったん退職し（労働力率が下がる），

子育て期間の終了とともに再度社会復帰する(労働力率が上がる)というパターンである。しかしここで数値的には労働力が上がってみえても、その内実は正職員ではなくパート労働や派遣といった不安定雇用の場合が多い。こうした背景には、家事労働や子育てといった「ケア」の負担がいまだ女性に多くのしかかっている現状がある。

今日では、グローバル社会のなかで男女共同参画の状況についても国家の品格として求められる時代となってきたためか、社会における「女性の活用」などが近年の国家政策として声高に叫ばれているが、その背景には、長年にわたるこれまでの教育のあり方が影響しているのである。

現在、国家政策として「理系女子」(リケジョ)を増やそうとしているが、それまで女子の多かった分野に男子を増やそうという政策はない。ここにも男性の多い分野を高く評価し、女性の多い分野を低くみる傾向が見え隠れする。

たとえば、戦後、GHQ米国視察団報告によって「民主的なるもの」をめざして社会科とともに成立した家庭科も、中・高家庭科は女子のみ必修であったものが、1985年の国連女子差別撤廃条約の批准といういわば「外圧」によって男女共修が実現したといえる。そして、男女共修後であっても、大学においてそれを選択する男子学生はきわめて少ない現状のなか、家庭科教育担当の「研究者」としての就職率は、男性が女性に比べて優位となる傾向は否めない。つまり、女性の多い職場へは男性が進出しやすい傾向にある。

近年、とくに注視したいことは、教育格差の問題が貧困問題とも重なって論じられる傾向にあるなか、「教育する母親」の存在の有無による影響が大きいことである。P.ブルデューの再生産論をはじめ、家庭の社会的・経済的・文化的環境のちがいが学力格差に及ぼす影響についてはよく知られている。それをミクロにみれば、子どもの教育に専念できる時間的余裕のある母親がいるかどうかが大きく影響している。日本においては「家庭の教育力の低下」の問題は、「共働きの増加」といったかたちで、既婚女性の就労の問題と結びつけて語られることが多いが、そのことは「家を守るのは女性」といった規範が根強いことを示しているのである。

男女間の格差あるいは女性の地位を計測する国際的な指標として有名なものとして，国連開発計画（UNDP）『人間開発報告書』のジェンダー開発指数（GDI：Gender-related Development Index）とジェンダー・エンパワーメント測定（GEM：Gender Empowerment Measure）や，「世界経済フォーラム（World Economic Forum：WEF）」による男女間格差に関する指数（GGI：Gender Gap Index）があるが，そこで日本は先進国のなかで常に低ランクに位置していること，既婚女性の社会進出がきわめて少ないことなどはよく知られている。そして彼女らが，自身の子どもの「お受験」や各種能力開花に向けて「教育する母親」として大きな存在となっていることは，教育社会学などの研究成果から明らかにされつつある。筆者はかつて，日本ではとくにパートタイム世帯の性別役割分業意識が専業主婦世帯以上に強いことを，同じ世帯の夫妻の生活時間調査と環境配慮行動についての調査結果を通じて明らかにしたことがある。「教育格差」の問題も「子どもへの教育投資」について考える際に，経済的格差や親の学歴・職業などばかりに目が向きがちだが，それをさらにミクロにみてみれば，じつは，母親の学歴や就業の有無などによって子どもへの経済的・時間的・質的投資が大きく影響しているのである。妻が専業主婦か，パートタイム勤務か，フルタイム勤務かは，その世帯の収入・学歴などとも絡み合い，日本固有の課題を多くかかえているのである。「少子化」や「貧困格差」が深刻化する日本において次世代育成を含めた「持続可能な未来」について考察する際には，こうしたジェンダーの課題にもっと目を向ける必要がある。

（3）持続可能な未来にむけた教育へのジェンダー・アプローチ
　日本社会をジェンダー視点で読み解くと，1960年代の高度経済成長期はとりわけ大きな分岐点であったといえる。工業化の進展とともに，農村社会から都市郊外へ大量の人口移動があり，核家族化の進展とともに「夫が外でモーレツ社員として働き，妻が家を守る体制」，すなわち専業主婦が定着した時代といわれている。同時に，高度経済成長の歪として，公害問題や消費者問題が発生したことによって，それまでの「教科」以外に新たな教育の必要性が認識さ

れた。公害教育・環境教育と消費者教育である。近年では，環境教育は環境教育推進法（2003 年）が改正されて環境教育促進法（2012 年）へ，消費者教育は消費者教育推進法（2012 年）が施行されて今日に至っているが，公害教育・環境教育にかかわる者は男性が多いのに対し，消費者教育にかかわる者は圧倒的に女性が多い。このことは，生産の男性性，消費の女性性を象徴する現象といえるだろう。現在，四谷駅前に立派な建物をもつ主婦連合会は消費者運動の代名詞ともいえる存在であり，そうした運動の成果があって初めて今日のような安心安全な生活が実現できてもいる。しかし，「主婦」という言葉が象徴するように，性別役割に規定された側面のあったことは否定できない。

いっぽう，環境教育に目を向けてみれば，「母なる大地」「マザー・アース」というように，「母」なるものとのイメージが結びつきやすい反面，エコ・フェミニズムによるエコロジー批判もある。また，エレン・リチャーズ，レイチェル・カーソン，シーア・コルボーンなど，環境問題に警鐘を鳴らした科学者に女性が目立つ背景には，男性科学者と同等の扱いを受けにくかったがゆえの発見があったことはよく知られている。このように，ジェンダーの視点で既存の学問分野を見つめ直してみると，新たな側面がみえてくるものである。たとえば欧米では，環境教育に対するフェミニスト視点からの考察が散見されるが，そのエッセンスは以下のようなものである。

環境教育は，生活の質の悪化や環境の悪化といった問題への対策として，「環境問題解決」と「教育の改革」という 2 つのねらいをもつが，環境問題は社会的に構成されているがゆえに，社会批判を必要とする。マイケル・アップルやパウロ・フレイレ，イアン・ロボトムらによって指摘されているとおり，教育は政治的実践であることを，とくに環境教育は再認識する必要性がある。すなわち批判的社会理論（a critical social theory）が有効で，その 1 つにフェミニスト視点（a feminist perspective）があり，トビリシ勧告をもその視点から振り返ってみる必要がある。学校におけるカリキュラムのほとんどは，女性の経験と女性が「隠されている」こと，「規範としての男性」とは異なるがゆえに下位となる女性，労働の性別分業の社会化などの問題を含んでいる。環境教育

は，環境問題のみならず，こうした問題を含む「社会的にも環境的にも公正な世界のための教育」をめざして再検討する必要がある。

こうした論者のなかで重要なのは，環境教育の理論としてよく知られる"in""about""for"のほかに"with"の必要性を提唱したアネッタ・ゴフによる一連の考察である。ゴフは先述のキャロル・ギリガンに依拠しつつ，環境教育のカリキュラム開発と評価で使用されている理論的枠組みである心理学的調査は，基本的に家父長的イデオロギーからなっていることを論じた。またUNESCO-UNEPによる環境教育プロジェクトが西洋白人男性の言説から形成されていることを指摘したうえで，ガヤトリ・スピヴァックやヘンリー・ジルー，キャロライン・マーチャントらの主張を重視し，チプコ運動やグリーンベルト運動（「もったいない」という言葉を広めたことで知られるワンガリ・マータイがノーベル平和賞を受賞した活動）などを事例としながら，「非西欧」「有色」「女性」からの声を尊重することの必要性についても論じた。そのうえ，女性のもつ経験は環境への知識や態度についても男性とは異なったものがあるにもかかわらず，多くの環境教育プログラムにおいてジェンダーの視点は見逃され，一般人として包摂されて調査されてきた問題として，女性たちの教育へのアクセスが制限されていることなどを指摘している。

つまり，国連を中心に展開されてきた環境教育プロジェクトは，環境教育における1つのグローバル・スタンダードではあったが，それに対するフェミニスト視点からの批判は，今後，持続可能な未来を創造するうえでの「もう1つの環境教育」を提起しているのである。

4-3　「もう1つの教育」としてのケアリングと持続可能な未来のための教育

(1)「ディシプリン」を超えて：生活科・総合的な学習の時間との親和性

さて，先述のネル・ノディングスによる「ディシプリン」を超えた「ケア」に基づく学校再編について考えてみたとき，意外にも日本にはその可能性を秘めた教育課程が存在することに気づかされる。生活科と総合的な学習の時間である。その前史を振り返れば，ディシプリン先ありきではなく，子ども先あり

きの教育実践をめざした歴史的苦闘が蘇ってくるとともに，ネル・ノディングスがジョン・デューイをたびたび引き合いに出して論じていることからも共通点を見いだすことができる。

　1989（平成元）年に誕生した生活科は，小学校低学年の教科構成について昭和40年代からの懸念事項に基づいた，戦後初の教科の再編だった。にもかかわらず比較的容易に誕生し実践された背景には，下記のように，前史として生活教育（生活学習）の経験を有していたことがあげられる。その背景には，エレン・ケイの「児童の世紀」に始まる「子ども中心主義」に基づく世界的な新教育運動の展開による影響もあった。そしてその後，小学校3年生から始める総合的な学習の時間が創設されたわけだが，両者はともに前史として，全国的に展開されていた下記のようなさまざまな実践を有していた。

＜生活科・総合的な学習の時間　前史＞
① 大正新教育運動（自由教育運動）　児童中心主義教育・経験主義教育
　　・及川平治　明石師範学校女子部附属小学校　「分団的動的教育法」
　　・木下竹次　奈良女子高等師範学校附属小学校　合科学習
　　・澤柳政太郎　成城小学校
　　・野村芳兵衛　児童の村小学校
② 戦後初期・昭和20年代の生活学習　デューイに代表されるアメリカの経験主義教育論の考え方に基づき，生活単元や問題単元によって学習内容を構成，「なすことによって学ぶ」，生活を通して学ぶ
　　・埼玉県川口市の川口プラン
　　・東京都港区桜田小学校の桜田プラン
　　・奈良女子高等師範学校附属小学校の奈良プラン
　　・兵庫師範学校女子部附属小学校の明石プラン
　　・広島県東広島市西条小学校の西条プラン
　　・千葉県館山市北条小学校の北条プラン
　　・神奈川県南足柄市福沢小学校の福沢プラン
③ 昭和50年代の合科・総合学習の実践　教科内の総合学習，教科間の合科・総合学習，教科活動と教科外活動の総合としての総合学習，学校教育全体の教育課程の総合化
　　・広島大学附属東雲小学校の「合科的な指導」
　　・広島大学附属小学校の「総合活動」

> ・信州大学附属長野小学校の「総合的活動」
> ・神戸大学附属明石小学校の「総合科」

　つまり，生活科も総合的な学習もともに，ほかの教科にあるディシプリンを超えた「もう1つの教育」の性格を有しているといえる。そして今日のようなグローバル・スタンダード時代における今後のあり方について考察するには，諏訪（2005）のように，類似の授業科目の国際比較を行うことによって，自国でかかえる課題を明らかにする作業が求められるだろう。

（2）環境教育の"in""about""for"と生活科・総合的な学習の時間
　ここで，環境教育との関係をみておこう。
　生活科の目標は，「具体的な活動や体験を通して，自分の身近な人々，社会及び自然とのかかわりに関心をもち，自分自身や自分の生活について考えさせるとともに，その過程において生活上必要な習慣や技能を身に付けさせ，自立への基礎を養う」である。その英語名が living environmental study であるとおり，学習内容を構成する3つの基本的な視点は，「自分と人や社会とのかかわり」「自分の自然とのかかわり」「自分自身」というように，常に「自分」を中心としている点が特徴である。そのうえで，さらに総合的な学習の時間では，各教科などとの関連を図り，探究的な学習を通して，自ら課題を見つけ，学び，考え，主体的に判断し，問題の解決や探究活動に主体的，創造的，協同的に取り組むことによって，自己のあり方や生き方を考えることができるようにすることがめざされている。
　いっぽう，学校における環境教育のあり方については，1996（平成8）年の中央教育審議会第一次答申で示された「環境から学ぶ（豊かな自然や身近な地域社会の中での様々な体験活動を通して，自然に対する豊かな感受性や環境に対する関心等を培う）」「環境について学ぶ（環境や自然と人間とのかかわり，さらには，環境問題と社会経済システムの在り方や生活様式とのかかわりについて理解を深める）」「環境のために学ぶ（環境保全や環境の創造を具体的に実践する態度を身に付

ける)」という方針などに沿って取り組みがなされている。つまり，環境教育の理論でよく知られる"in（〜の中で）""about（〜について）""for（〜のために）"という3つの視点がもりこまれている。そして，この3つの視点は，実は発達段階によってその比重も変化するのであるが，そのことと生活科・総合的な学習の時間の配置は理にかなっているのである。

　周知のとおり，生活科は小学校1・2年生のみに存在する教科であり，総合的な学習の時間は小学校3年生から始まる。まさに生活科では"in"すなわち自己をとりまく自然・社会「環境のなかで」の体験活動を重視し，たとえば身近な自然とのかかわりを深めることによって，自然の美しさや不思議さ，おもしろさ，かかわり合う楽しさなどを体感するなど（レイチェル・カーソンのいうセンス・オブ・ワンダー／感じることの大切さ）を通して，自然をケアする心を育てることを願っている。そして次第に，各教科での学びを基礎として，問題解決学習や探究活動を重視する総合的な学習の時間を使って，"about"すなわち「環境について」調べ・学習し，さらには"for"「環境のために」どう行動するかについて，展開することができる。

　2006年の改正教育基本法においては，新たに「教育の目標（第2条）」が設定され，「生命を尊び，自然を大切にし，環境の保全に寄与する態度を養うこと」という一項目が明記された。さらに現行学習指導要領では，2007年11月に中央教育審議会教育課程部会から学習指導要領改訂に向けて示された「これまでの審議のまとめ」で環境教育およびESDにかかわる記述が数多く見受けられたことを反映したものとなり，各教科学習における「活用」を重視し，教科横断型の問題解決学習や探究活動へ発展させることが強調されている。つまり，総合的な学習の時間「的」な学習が各教科にもりこまれたわけであり，それだけ総合的な学習の時間が創出された理念の意義は大きいということでもある。

　近年，各教科において環境教育やESDに関する実践が増加していることはもちろん重要である。しかし，たとえば各教科における環境教育やESDに関連する単元を拾い上げ，それらを教科横断的につなげれば体系的な実践になる

かといえば，答えは否であろう。なぜなら，各教科にはそれぞれの教科がよって立つディシプリンに基づく編成による内容と目標・系統性があるからである。

それゆえ環境教育や ESD については総合的な学習の時間を中心とした系統的なカリキュラムのもとでの学びが重要となる。

（3）「ケア」と"with"＝共生の持続可能な未来へ向けて

　上記の"in" "about" "for"以外に，先述の"with"も意識したい。欧米型の「自然を支配する文化」ではない日本型文化は，もともと「自然とともにある」感覚をもち合わせているといえる。来客を迎える前に葉っぱ一枚一枚を拭き整え，季節感あふれる茶菓子や装飾でもてなす茶の湯，つまもの，お月見など，ノディングスの「動物，植物，地球へのケアリング」と通底する部分は枚挙にいとまがない。持続可能な未来は，万物，自然と人間，万人との共生，また，過去の世代や将来の世代への「ケア」や"with"の関係性（それは「評価」ではない「承認」の関係性でもある）によって，より安定した共生型の世界が創造されるであろう。

　消費者教育推進法の施行によって「消費者市民社会」というキーワードが急浮上するとともにフェアトレードに関する教育実践が急増しているが，途上国の人々への目線（「ケア」）だけでなく，日本国内においても，たとえばごはんを食べるときに農家のことを考えるとか，牛乳を飲むときに酪農家のことを考えるとか，そうした一歩から社会全体の構造がみえてくる。安彦（2014）は，「コンピテンシー・ベース」の観点では「人格」の形成を正当に位置づけていないこと，ESD を重点的に活用すべきであることを指摘しながら，たとえば日々使うエネルギーのことを考えることによって省エネ行動へと変容するなどの「能力（自己）制御型」教育の必要性を提示しているが，その際にも「ケア」の視点が不可欠である。

　学校現場では経験則として「学級経営ができているクラスは学力も高い」といわれることがよくある。科学的にも，通常の教科学力のみならず，PISA 型学力つまり活用型の学力が高いことが明らかになっている。つまり，子どもた

ちがともに支え合い学び合うことと学力とは何らかの関係があるということだろう。PISA 調査で世界トップレベルの学力を示したフィンランドでは，多くの教科学習において子ども同士が教え合い学び合う場面を設定し，創作表現と問題解決を行う活用学習が取り入れられているという。その点からすれば，今後は「学び合い」自体にもっと着目していく必要がある。そのうえで，現在注目をあびる「コンピテンシー」の育成は，その構成要素自体を直接的に教育・訓練することを目的とするのではなく，他者や万物との関係性を構築する豊かな「学び」の活動を通して，結果として育まれるべきものといえるだろう。

読者のための参考文献

- 安彦忠彦『「コンピテンシー・ベース」を超える授業づくり』図書文化社，2014 年
- 小玉重夫『学力幻想』筑摩書房，2013 年
- 小山静子『戦後教育のジェンダー秩序』勁草書房，2009 年
- 佐藤学『学力を問い直す―学びのカリキュラムへ―』〈岩波ブックレット No.548（初版 2001 年）〉岩波書店，2014 年
- 諏訪哲郎（2005）「日本の教育改革が進むべき方向」山内乾史・原清治編著『リーディングス日本の教育と社会　第 1 巻　学力問題・ゆとり教育』日本図書文化センター，pp.331-360,2006 年．（諏訪哲郎・斉藤利彦編著『加速化するアジアの教育改革』〈学習院大学東洋文化研究叢書〉東方書店より）
- ドミニク.S.ライチェン，ローラ.H.サルガニック／立田慶裕監訳『キー・コンピテンシー―国際標準の学力をめざして―』明石書店，2006 年
- ネル．ノディングス／佐藤学監訳『学校におけるケアの挑戦―もう一つの教育を求めて』ゆみる出版，2007 年
- P.グリフィン，B.マクゴー，E.ケア／三宅なほみ監訳『21 世紀型スキル―学びと評価の新たなかたち―』北大路書房，2014 年
- 松下佳代『＜新しい能力＞は教育を変えるか―学力・リテラシー・コンピテンシー―』ミネルヴァ書房，2010 年

第5章
持続可能な未来のための教師論

　「教師とは何ぞや」という問いに答えるのが本章のねらいである。ただし，実際にそれを100人に問えば，まるでちがう100通りの回答が得られることになるだろう。経済学者や物理学者にはなれなくとも教育学者には誰でもなれると揶揄されるのは，誰しもが学校生活を送った過去があり，おしゃべりのレベルであれ，学問的なレベルであれ，実体験に基づく"議論"は日常的にそこここで行われているからである。一億総教育評論家となって個々に一家言もってしまうわけである。それゆえに，理想の教師像というのは人それぞれの価値観や経験に立脚して描かれ，全員で共有されることがない。だから，「教師はこうあるべきだ」との要望がまちまちに来るというのが教育現場に立つ者たちを悩ませることにもなっている。

　また，描かれる教師像というものは，人それぞれであることに加え，時代によってもさまざまなのである。時代背景に基づいた要請によって教師像は変化し，それに現場が合わせてきたという経緯がある。

　つまり，教師像や教師観というものは一定でなく，常にそこにはゆらぎやぶれがあり，「教師は何ぞや」という問いは投げかけ続けられてきたわけである。その問いに答えようとしてきた営みが，教育実践の積み重ねということになる。

　そしてその問いは，教員志望の若者たちにも同じように投げかけられていく。その担わされた課題を遠大なものとして重責を感じる者もいるだろうし，それを追究していくプロセスこそ，自分を成長させていくのだと期待と不安をないまぜに抱く者もいるだろう。本章では，そうした教育現場へ足を踏み入れようとして，その門の前に立ちすくむ人たちへのヒントを提示できればと思っている。

ただし，その場合には「持続可能な未来のための」との条件をあえて設ける。複雑多様で不確実性が増した時代に，めざすべき1つの教師像をイメージすることは困難で，「教師とは何ぞや」という問いに答えることはいっそう難儀なものとなっている。しかし，だからこそみんなで見やる方向性を確認しておくといいと感じている。そのベクトルが揃ったとき，答えが見いだしづらいという時代に立ち向かえる勇気が付加されるであろうし，まさにそれが時代の要請でもあるのだ。「持続可能な未来のための」との条件づけをする理由は，その修飾句が今後求められる教師像に1つの方向性を示してくれているからである。

5-1　"持続不可能"な教育現場の実状

　今，この本を手にとっている皆さんは，教師という職業になんらかの憧れをもって「先生になりたい！」との希望を抱いていることと思う。その思いはおそらく尊敬する先生にめぐり会えた経験や学園ドラマの主人公のようになってみたいとの憧憬が背景にあるにちがいない。筆者世代の教師であれば，『熱中時代』で水谷豊演じる北野広大や『3年B組金八先生』で武田鉄矢が演じる坂本金八の影響を受けた教師は少なくないだろう。現在，教職課程にある学生であれば，それは『ごくせん』や『GTO』『ドラゴン桜』といったあたりの主人公にとって代わられるのかもしれない。いずれにせよ，そうした憧れを抱く教師像には"子どもたちに寄り添う熱血漢"との共通したイメージが思い描かれている。そして，自分もそういう教師になるのだと強く誓い，この本を手にしてくれたのかもしれない。

　しかし，教師たちの現実は厳しいものがあり，往時の恩師を偲ぶ記憶やドラマで描かれた風景とはかけ離れているといわざるを得ない。OECD（経済協力開発機構）が行った国際教員指導環境調査（TALIS）[1]）によれば，日本の教師の勤務時間は1週間あたり53.9時間となっており，他国の平均38.3時間とは大きな開きがある。また，教員の1日の休憩時間は平均10分未満であるとの調

査結果もある[2]。いくら子どもたちに寄り添おうと思っても物理的に時間を確保できないから寄り添えない現実がある。日本の教育現場には児童生徒のほうを向く余裕などなく，多忙を極めているのというのが実態なのだ。

　しかも現場が多忙になっている理由は，これまでにない状況が出てきているからでもある。たとえば，従来からあるいじめの問題は，SNS の発達普及により顕在化しづらくなり，より深刻で陰鬱なものとなっている。家庭からはしつけまで押しつけられ，学校教育に過度の期待が寄せられて，モンスターペアレントからの理不尽な要求に精神を病む者までいる。ここ数年で教職員賠償責任保険に加入する教員が増えているのは，そうならないための自衛策で，「明日は我が身」との不安感によるものなのであろう。行政からは，実態把握と称した種々雑多な調査・報告書の依頼が舞い込み，それへの対応が，教師の労働時間を圧迫している。また，「全国学力テスト」の成績を学校別に公表しようとの動きがあり，その圧力から現場はストレスを溜め込み，ランキングに対し，神経質に一喜一憂せざるを得なくなっていくだろう。

　こうしてさまざまな方面からプレッシャーがかかり，日本の教師たちは疲弊しきっている。持続可能な未来を子どもたちと語っていきたいとの思いがあっても，その前に日本の教育現場が"持続不可能"な状況に陥っているのだ。教師自身が未来を描けないというのはあまりにも皮肉な現状である。こうした現状を知れば，学園ドラマの主人公たちに抱いたイメージは幻想にすぎなかったと皆さんは肩を落としているかもしれない。

　ただ，紛れもなく教育現場も社会の一部である。子どもたちと持続可能な未来を教室で語れるよう，教師の現状を打開していくことは，持続可能な社会を築いていくプロセスの一端を担っていることにほかならない。厳しい現況は，教員志望の若者たちの希望を打ち砕くものでは決してなく，教育のあり方を再考し，彼らを含めた教育界全体で「教師とは何ぞや」との問いかけに新たに答えていく機会ととらえたい。もしかすると，それは学園ドラマで描かれているものとはちがうイメージかもしれないし，これまでよしとされてきた教師像ともちがうものかもしれない。いずれにせよ，教育現場が変わっていくには，そ

れを描く作業をみんなで協働し，そのイメージを共有していく必要がある。だから，これまで求められる教師像がどのように語られてきたか，まずは確認しておきたい。未来を描くことは，今というポイントに自分をおきながら，過去との連なりを確認していく作業の延長線上にあるからである。

5-2 これまで「教師」はどのように語られてきたか

（1）教師と教員

　教師像をイメージする際，それは教諭であったり，教員であったり，先生であったり，さまざまな名称でもって語られる。そこに明確な線引きはされていないように思うが，そのルーツをまずはたどってみよう。

　「教員」の誕生は明治以降のことである。もちろんそれまでに「学校」がまるでなかったわけではない。江戸時代には，高い水準の学問や教養を必要とする武士たちが藩校を設立して，その子弟の教育にあたったし，庶民への教育も寺子屋において手習師匠が手ほどきすることによって，世界的にみても高い識字率を誇ることができた。しかし，そこで教育に従事していた人たちは教員とは呼ばれていなかった。

　教員という言葉は明治初期に生まれた和製漢語であり，法律用語である。教員という用語が生まれたということは，実は近代教育制度が整備されたということを意味する。1872（明治5）年に発せられた学制では，たとえば「教員ノ事」とする項目において，「第四十章　小学教員ハ男女ヲ論セス年齢二十歳以上ニシテ師範学校卒業免状或ハ中学免状ヲ得シモノニ非サレハ其任ニ当ルコトヲ許サス」とある。それまで武士や庶民が必要にかられて藩校や寺子屋を開設し，その役割を自主的に担ってきたのとは異なり，近代国家としての体裁を整えることが急がれ，国の要請によって教員養成がなされていった。つまり，それは制度上のものである。ある一定数以上の要員を確保しなければいけない時代背景があって，数として必要だったものを「教員」と呼んだのである。師範学校の課程を修了し，免状を受け取った者でなければ教員として教壇に立つことは許されず，国が正式に認めた者だけが教員とされていった。それは現在におい

ても同様で，小，中，高等学校の教員は，教育職員の資質の保持と向上を図ることを目的とする教育職員免許法（昭和24年法律第147号）によって免許基準が定められており，その資格を有する者でなければならない。

　じつは，明治初期においては，日本人教師を「教員」，外国人教師は「教師」と呼び，その用語の使い分けは厳密に行われていたといわれている。その理由を推し量るに，欧米諸国の教育制度を導入しようとしていた当時において，欧米から来た人たちはまさに「師」であったからにちがいない。辞書で引けば，教員より教師のほうが意味が広く，学校において資格をもって児童生徒の教育にあたるという意味に加え，一般に学問・技能・技術を教える人であるとか，宗教の布教・宣教を行う人という意味が含まれてくる。江戸時代までは先生としての存在は師匠であり，その流れを引いたものを教師とし，明治政府が近代学校制度を整備する意味においてのものは教員とした。本来はそれら用語の間には隔たりがきちんとあり，「教師」のほうがより広義で，より尊く扱われていたにちがいない。しかし，私たちが今，「教師」というとき，この意味における「教員」をおおよそイメージし，ほぼ同義で扱っている。その起こりのことを思い出して言う人はいない。

　「教師とは何ぞや」と問うとき，本来は「教師」と「教員」を意識的に使い分けて考えなければならない。それが今では，教師と呼ぼうが，教員と呼ぼうが「学校に勤務し，教育に従事する人」という意味で一般的には差異なく語られている。そのため，本来，法律用語としての「教員」と同義で「教師」をとらえている。そうである以上，教師も制度上，法律上で語られるものと同一視され，意識せずともそこに規定されてしまうものになっている。つまり，教師論を進めていくには，国家が機能していくためのシステムの一翼を否が応でも原則担わざるを得ない立場にあり，時代の変化や制度の改定によって制約されていくという前提にまずは立たなくてはならない。近代教育制度が生まれて以降，教師論はそうした揺らぎの間を行き来することになるのである。

（2）聖職者論と労働者論

　教員という職業が誕生した明治時代，それは聖職者のようであるべきとの論調が強まっていた。それは，教師は師匠であって敬うべき存在とした前代の名残りもあったであろうが，近代国家を形成していくうえで，国民の統制を図り，社会秩序を維持していかなければならず，その模範として教師がおかれたからである。

　たとえば，1880（明治13）年の改正教育令には「品行不正ナルモノハ教員タルコトヲ得ス」とあり，それが教員資格としての規定となっている。また，その改正教育令の品行規定に基づいて，翌1881（明治14）年には小学校教員心得が頒布され，小学校教員のあり方を示すこととともなった。その第一款には次のようにある。

人ヲ導キテ善良ナラシムルハ多識ナラシムルニ比スレハ更ニ緊要ナリトス故ニ教員タル者ハ殊ニ道徳ノ教育ニ力ヲ用ヒ生徒ヲシテ皇室ニ忠ニシテ国家ヲ愛シ父母ニ孝ニシテ長上ヲ敬シ朋友ニ信ニシテ卑幼ヲ慈シ及自己ヲ重ンスル等凡テ人倫ノ大道ニ通暁セシメ且常ニ己カ身ヲ以テ之カ模範トナリ生徒ヲシテ徳性ニ薫染シ善行ニ感化セシメンコトヲ務ムヘシ

　こうした文言から読み取れるのは，当時，社会に規律を求め，教育現場がその急先鋒となって範を示していってほしいとの要請があったということである。ゆえに現場は知育より徳育を重視する風潮すら生んでいった。

　また，それをさらに後押しするものとして，1890（明治23）年に教育勅語が発布されていく。教育勅語は，文明開化によって洋学が重んじられ，日本人が祖先から引き継いできた伝統的な倫理道徳観が軽視されていることを明治天皇が嘆き，発せられたものである。発布後，教育勅語は学校で執り行われる儀式で読み上げられるなどされ，国民教育の思想的な基盤となっていく。そうした国家主義的な空気のなかで，教師は聖職者たらんとされていったわけである。しかしそれは国家が教師に強要した像でもある。

　ただ，そうした風潮は子どもを学びの中心に据える新教育運動が台頭してい

くなかで次第に弱まっていった。また，教員養成を一手に引き受けていた師範学校は，閉鎖的で望まれるような人材輩出が十分にできていないとの批判が強まり，教師を聖職者とする考えにかげりが見えはじめていった。そこには，戦時における天皇制を絶対とする空気の醸成に加担し，かつ軍国主義国家の形成を助長し，臣民育成のうえで重要な役割を果たしたとの批判も含まれていた。

そうしたことへの反省もあり，戦後，多様で高い質の人材を広く確保しようと教員養成は「大学における教員養成」と「開放制の教員養成」の原則に基づいて行われていく。つまり，教員養成は大学で行い，それも国・公・私立のいかんを問わず，いずれの大学も制度上は等しく教員養成にたずさわれるという方向に舵を切った。戦前は国民を教化していこうと教師を聖職者として崇めようとしたが，制度改革を行いつつ，戦後の新しい時代にどういった教師が求められるのか，門戸を広く開き，その役割を模索していったのだった。

その過程において，教職員の待遇改善，地位向上などを目的とした日本教職員組合（日教組）が1947年6月に結成される。日教組は，1952年に「教師の倫理綱領」を決定し，その第8項で「教師は労働者である」とする立場を明言した。これは，教師は子どもの人格形成に寄与する高邁な職であるとの立場に立つ人たちからすれば，非常にプラグマティックに映ったであろう。しかし，教師も人であり，その人としての最低限の保証を求め，市民的権利を得るというのは，戦後，民主化を図った動きのなかでは至極当然なものでもあった。労働は権力者から強いられるという長い封建時代の経験から，それが屈辱的なもので卑しむべきものとの風潮が生まれたが，労働者論の背景にあるのは「労働が社会におけるいっさいの基礎である」と自覚し，教師を労働者であるとすることは尊く，誇りをもつべきことであるととらえようとの考えがある。そして，基本的人権を言葉としてだけではなく，これを体現する者として教壇に立つとの決意とも思える姿勢があった。

「教師の倫理綱領」のまえがきには，次のように書かれている。

> これまでの日本の教師は，半封建的な超国家主義体制のもとで，屈従の倫理を強

> いられてきた。日本の社会体制が，まったく違った観点から再建されなければならぬ今日，われわれはこれらの因習をたちきり，新たな倫理をもたねばならぬ。(中略)人権を尊重し，生産を高め，人間による人間の搾取を断った平和な社会をもとめようとするわれわれ人民の念願は，労働者階級の高い自主的な成長なしには達成されない。教師はいうまでもなく労働者である。日本の教師は全労働者とともに，事態が困難を加えれば加えるほど，ますすその団結を固めて，青少年をまもり，勇気と知性をもって，この歴史的課題の前に立たねばならぬ。(後略)

　こうした文言から，戦前の体制にはアレルギーとも思えるほどの強い反発が現場にはあり，戦前への回帰を忌避する様子が垣間見える。1951年1月の第18回中央委員会で「教え子を再び戦場に送るな，青年よ再び銃を取るな」とのスローガンが採択されたのは，その最たるものかもしれない。
　しかし，戦前の聖職者論に対抗して出てきた教師の労働者論が全面的に支持されていたわけではない。なかには権利闘争に注力するばかりに子どもたちに目が行かなくなり，ないがしろにしているとの批判も受けるようになる。
　また，教員養成の「開放制」は，第二次世界大戦後から高度経済成長期にかけて教師が不足していた時代においては，そのニーズを満たすうえでまちがいなく必須の政策ではあったが，幅広い視野と高度の専門的知識・技能を兼ね備えた多様な人材を広く教育界に求めることに対しては，そのねらいどおりにはいかなかった。前述のとおり，大学で単位が取れれば誰でも先生になる資格を得られるということに加え，採用枠の急増で教師志願者のほとんどが合格できた状況は「先生にデモなろうか」とか「先生にシカなれない」などといった消極的な動機で教職に就く不純で無気力な"デモシカ先生"を生んだのである。
　教師は聖職者であるのか，労働者であるのか。そうした論争は，とりわけ文部省と日教組との間で行われ，その対立が先鋭化していくなか，求める教師像は混迷する。それまでの経緯をたどれば，どうしても国家という枠組みにとらわれ，その政策に翻弄されてきた感を拭えない。国というローカルな視点で教師像を語ることは，もはや21世紀に入った現在においては限界が露呈しているといわざるをえない。グローバルという枠のなかに教師をおいて考えなくて

はならない時代にあるのである。

(3) 専門家論

ユネスコ特別政府間会議で1966年に採択されたILO・ユネスコによる「教員の地位に関する勧告」で，専門職として教師をとらえようという見方が出てきた。その勧告の「3 指導的諸原則」のなかに下記の文言がある。

> 教育の仕事は専門職とみなされるべきである。この職業は厳しい，継続的な研究を経て獲得され，維持される専門的知識および特別な技術を教員に要求する公共的業務の一種である。また，責任をもたされた生徒の教育および福祉に対して，個人的および共同の責任感を要求するものである。

じつは，これは「教育基本法」のなかの「教員」とされる項にある条文とほぼ同一の内容だと考える。

> 第九条　法律に定める学校の教員は，自己の崇高な使命を深く自覚し，絶えず研究と修養に励み，その職責の遂行に努めなければならない。
> 2　前項の教員については，その使命と職責の重要性にかんがみ，その身分は尊重され，待遇の適正が期せられるとともに，養成と研修の充実が図られなければならない。

ここで述べられているのは，下記の2点に集約される。
・成長するために学習しなければいけないと要求されていることとその機会の保証
・学習者への知識・技術の提供の義務と責務

つまり，教師は専門職であるからこそ，学習者へ良質な学びの場を提供するというミッションをかかえており，それに確実に応えていくことが求められている。だから，常に学び続けて成長していき，その質を維持していかなければならない。そして，それが可能となるように労働環境が整備され，機会が保証されなければ，専門職としての職責が果たせないとする考えがここにはある。

その指摘は佐藤学もしており，「21世紀の社会変化に伴って，教師は学び続

けることなしには職務を遂行できなくなり，生涯にわたって研修を続けて学び続ける教師という専門家像が形成されているのである」と述べており，教師が「学びの専門家」であると自覚することを促している。21世紀における教師の専門家像は「教える専門家」からすでに「学びの専門家」へとシフトしており，教師の役割が変化してきていることについて，その「学びの専門家」という教師像の意味するところを次のように2点示している（佐藤学, 2015年）。

1．知識基盤社会と生涯学習社会の到来によって，学校教育システムが教師の授業を中心とするシステムから，子どもの学びを中心とするシステムへと変化してきたこと
2．教師の教育と学びが養成教育の段階から現職教育の段階へと延長し，教師教育それ自体が，現職教育を中心とする生涯学習へと発展したこと

そもそもなぜ知識基盤社会だとか生涯学習社会だとかうたわれるようになったかといえば，社会が複雑多様になり，不確実性の高い時代となったがゆえに，皆が常に学び合い，学び続けていかければならなくなったからだ。それは必然的な理由からなのである。

そのとき，たとえ専門家だからといって「わかっている」とは言い切れはしまい。それではそもそも専門家としての存在意義は喪失してしまっていると思われるかもしれないが，現代においては「わかっている」と豪語する人は眉唾物だと猜疑心を抱かれてしまう。むしろこれからは「私もわからない。だからともに考えましょう，学び続けていきましょう」と促し，そのプロセスを構築していくところに教師は専門性を発揮していくことになるのである。それが佐藤のいうところの「教える専門家」から「学びの専門家」へのシフトということになる。

ややもすると，学校教育現場においての教師は目の前の子どもたちばかりを気にかけ，そこへ目を見やるばかりに，世界への眼差しを十分に向けてこなかったのかもしれない。その結果，授業実践や教育手法の探求には注力してきたものの，世界の動向はキャッチアップしきれず，対応が後手を踏むか，ある

いは場当たり的になり、実際とはかけ離れて学校と社会の間に齟齬が生じていくこともあったであろう。社会がどんどん変化していく場合、過去のベクトル（既存知識の蓄積）ももちろんなくてはならないが、未来志向のベクトル（協働による知恵の創造）がより重要になってくる。未来志向であることは不確定要素が多分にあるということであり、そのとき、現場では学習指導要領によって方向性を指示されることを待ってはいられない。だからこそ、現代における教師に求められるのは、専門家としての像なのであり、ビジョンなのである。しかもそれは「教える」のではなく「学び合う」ことがキーとなっていく。

望むべき新しい教師像を描くには、教師と学習者との間の関係性を再考し、教師自身の役割を見つめ直すことをしなければならない。もしかするとそれは、これまでの実践の積み重ねから凝り固まった教師観、教育観を拭い去り、パラダイムシフトをしていくことかもしれない。

そうした大胆な作業をする際に示唆を得ておくべきなのが、ブラジルの教育学者で、貧困層（被抑圧者）への識字教育を行ったパウロ・フレイレである。フレイレは、従来の知識注入の詰め込み型の教育を「銀行型教育」と呼び、厳

◆権威の教育〜知識を注入する　　◆変化の教育〜アイデアを引き出す

図5.1　権威の教育と変化の教育
出所：David Werner & Bill Bower (1982) Helping Health Workers Learn: A Book of Methods, Aids and Ideas for Instructors at the Village Level (The Hesperian Foundation)

しく非難した．それは，学習者が空の金庫で，教師を預金者と見立て，とにかく一方的に知識を詰め込んでいくことをよしとする教育のことである．かたや学習へ能動的にコミットさせ，対話をしながら協働的に学び合い，深めていくものを「問題提起型学習」と呼んで，推し進めていった．それは図5.1に象徴されるようなもので，教育現場には今，権威の教育から変化の教育へのパラダイムシフトが求められている．そこには，知識を注入していく教師ではなく，対話によってアイデアを引き出していく教師がいるのである．

5-3 国際社会での語られ方──グローバル人材

　グローバリゼーションの波がより強く押し寄せるようになった1990年代，毎年のように重要な世界会議，国際会議が開催されていった[3]．それらはグローバルイシューと掲げられるテーマを各々に冠としており，最終的には宣言文が採択され，行動計画が示された．そこでは必ず，それらグローバルイシューを解決していくうえでの教育の役割と重要性に言及している．とくに1992年の「国連環境開発会議」（通称：地球サミット）での「環境と開発に関するリオ宣言」やその行動計画である「アジェンダ21」のなかに「持続可能な開発」という概念が示され，世界各国の取り組みにインパクトを与えることになった．

　そうして21世紀前夜に議論されたものが礎となり，2002年，南アフリカ・ヨハネスブルグにおいて「持続可能な開発に関する世界首脳会議」が開催される．そこで日本がイニシアティブをとり，小泉総理大臣が下記のスピーチを行うことになる．

> 私は，皆の持続可能な開発の達成のため，何をなすべきかについて明らかにするという課題に世界の指導者たちとともに取り組むために，ここヨハネスブルグに参りました．世界は厳しい現実に満ちています．世界中で紛争が絶えまなく続いています．しかし，ひとたび平和を勝ち得たとき，さらに持続可能な開発を手に入れるための最大のポイントはなんでしょうか．私の答えは「人」です．

ここで日本政府は「持続可能な開発のための教育の10年」を提唱し，これを受けて，同年の国連第57回総会決議により2005～2014年までの10年を「国連ESDの10年（DESD）」とすることを決定した。これは，教育の力こそ課題解決の源泉であり，人の育みこそがその基盤をなすということを世界で共有できた証である。

　また，その「国連ESDの10年」とほぼ時期を同じくして掲げられていたミレニアム開発目標（MDG's）を引き継ぐものとして，2015年9月の第70回国連総会で「持続可能な開発のための2030アジェンダ」（SDG's）が採択された。そのなかには17のゴール（目標）と169のターゲット（具体的到達目標）があり，「目標4．すべての人に包括的かつ公正な質の高い教育を確保し，生涯学習の機会を促進する」において，ESDにふれている箇所（4.7）がある。

> 4.7　2030年までに，持続可能な開発のための教育及び持続可能なライフスタイル，人権，男女の平等，平和及び非暴力的文化の推進，グローバル・シチズンシップ，文化多様性と文化の持続可能な開発への貢献の理解の教育を通して，全ての学習者が，持続可能な開発を促進するために必要な知識及び技能を習得できるようにする。

　SDG'sは「誰も置き去りにしない（no one will be left behind）」を基本理念としており，そこには先進国，途上国の別はない。これまで先進国，途上国を別にして語られたり，策定されたりしてきたが，SDG'sはグローバルイシューを途上国のせいでも先進国のせいでもなく，両者が取り組んでいくものとして設定した。

　そうしたESDやSDG'sで述べている教育活動のなかで育んでいくものは，紛れもなく"グローバル人材"である。昨今，やたらにグローバル人材育成の必要性があちこちで叫ばれているが，ひどく狭くとらえているように思えてならない。少なくともグローバル人材育成が，エリート教育だとのとらえ方には与しない。世界で語られているグローバル人材の本質的なところは，ある限定した層へのアプローチなどではなく，とらえ方としてもグローバル（全体的な）

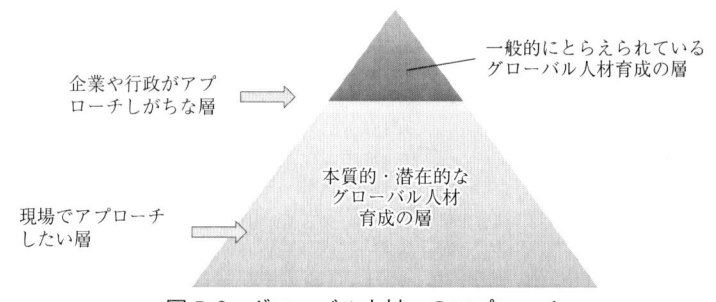

図5.2　グローバル人材へのアプローチ

でホリスティック（包括的）なものである。そうしたとらえ方ができなければ，SDG'sで掲げるターゲットを達成しようとするこれからの社会で太刀打ちはできない。つまり，持続可能な未来のための教師はその視点とそのアプローチが重要となってくる。

　図5.2を参照してほしいのだが，一般的にグローバル人材というときに真っ先にイメージされるのは，外国語を流暢に操り，国際舞台を行き来するような一部のエリート層だ。もちろん，そこへのアプローチも政策の1つとしてあってもいいのだが，このグローバルな社会の影響を受けるのは，なにも外国に飛び立つ者たちだけではなく，今ここに立つ者たちすべてに降りかかってくる。彼らも同様にグローバリゼーションの煽りを受け，そこへの対処，問題解決が求められていく。そこに国内，国外の区別はないし，かかえる問題が大きかろうと小さかろうと，グローバルな視点をもって考え，選択し，対応していかざるをえないという意味では同じなのである。そうだとすれば，実はグローバル人材育成の対象となるのは，すべての人ということになる。だから，その定義を狭義のものと矮小化せず，広義にとらえるべきなのだ。ただし，そこには大きく分けて2つのアプローチすべき層があり，それぞれへのアプローチの仕方は異なってくる。基本的には，多くの教育現場が対象とするのはマジョリティとしての「潜在的・本質的なグローバル人材育成の層」になってくるだろう。なぜなら，教師が「潜在的・本質的なグローバル人材育成の層」に対して，そうした学びの場づくりを行っていくか，それ如何によって持続可能な未来が形

成されていくかどうかがかかっているからだ。

　現代における私たちは，意識しようがしまいが，常日頃，グローバルな出来事と遭遇している。それは，朝にバングラデシュで縫製されたTシャツを着ようかどうか迷うことであったり，おやつにマレーシアのプランテーションで栽培されたパーム油を使用したポテトチップスを食べることであったり，あるいはバイト先の留学生とうまく意思疎通が図れず悩むことだったりで，そういったことは日常茶飯時となっているはずだ。そういったときに，どんなセンスで判断し，対応するかというのは，どんな教師にどんな教育で育まれたかによってくる。学習の場にきちんと対話があり，仲間と学び合う姿勢をもち，多様な視点をどれだけ得られてきたかということによるのだ。

　そうした場づくりをしていく人をファシリテーターといい，そのあり方は学校教育現場で注目されつつある。ファシリテーターをこれから求めるべき教師像の1つとしてとらえてみることにしょう。

5-4　新しい教師像としてのファシリテーター

　中野民夫は，ファシリテーターを次のように定義している。

> ファシリテーターは教えない。「先生」ではないし，上に立って命令する「指導者」でもない。その代わりにファシリテーターは，支援し，促進する。場をつくり，つなぎ，取り持つ。そそのかし，引き出し，待つ。共に在り，問いかけ，まとめる。（中略）　ファシリテーターは，「支援者」であり，新しい誕生を助ける「助産師」の役割を担うのだ[4]。

　この定義で「教えない」「先生でもない」とされることは，教師自身の自己否定とも感じられるだろうが，繰り返し言及しているように，教育観，教師観のパラダイムシフトが今必要とされているのだ。教師が上位に立ち，トップダウン型で知識や情報の量を問うあり方から，学び合うネットワークのなかでともに学ぶ姿勢を維持し，想定外の気づきに至るようなあり方へのシフトである。参加型学習の手法や教材の開発を牽引してきたNPO開発教育協会（DEAR）

では、身近な視点からのつながりを意識した教材『たずねてみよう！　カレーの世界～スパイスと食文化の多様性』『パーム油の話～地球にやさしいって何だろう？』『日本と世界の水事情「水から広がる学び」アクティビティ 20』『コーヒーカップの向こう側』『ケータイの一生　ケータイを通して知る　私と世界のつながり』などを作成してきた。これら教材の切り口には、私たちの日常と密接に関係しているものがおかれるが、その背景にある問題をおおよその人は把握していない。その見えていないもの、あるいは見ようとしてこなかったものを可視化し、対話の場をつくって、ともになんとか解決策を探っていこうと支援するのがファシリテーターである。

　こうしたニーズは文科省も感じているところで、たとえば、昨今その必要性を高々とうたっているアクティブ・ラーニングを実践していくのは、ファシリテーター的資質とスキルがなければ務まらない。

　下村文部科学大臣は、「初等中等教育における教育課程の基準等の在り方について（諮問）」（2014 年 11 月）で次のように述べている。

> ある事柄に関する知識の伝達だけに偏らず、学ぶことと社会とのつながりをより意識した教育を行い、子供たちがそうした教育のプロセスを通じて、基礎的な知識・技能を習得するとともに、実社会や実生活の中でそれらを活用しながら、自ら課題を発見し、その解決に向けて主体的・協働的に探究し、学びの成果等を表現し、更に実践に生かしていけるようにすることが重要であるという視点です。
> 　そのために必要な力を子供たちに育むためには、「何を教えるか」という知識の質や量の改善はもちろんのこと、「どのように学ぶか」という、学びの質や深まりを重視することが必要であり、課題の発見と解決に向けて主体的・協働的に学ぶ学習（いわゆる「アクティブ・ラーニング」）や、そのための指導の方法等を充実させていく必要があります。

　大臣が言及していることは、まさに教育観、教師観のパラダイムシフトを求めているもので、「学びの専門家」としてのファシリテーターを求めているものだと考える。

　ほかにも最近の文科省の動向は興味深く、道徳教育を「読む道徳」から「考える道徳」への転換を試みようということもしている。これを受けて、NHK

のEテレでは「ココロ部」5)という番組を放映しているが，毎回のテーマはジレンマや葛藤をかかえるもので，簡単に結論を出せず，教室の意見を二分するような番組構成になっている。筆者世代が受けていた教条的な道徳とはまるで一線を画した内容になっている。

また，2015年6月に選挙権年齢を満18歳以上に引き下げる公職選挙法改正法が成立したことで，高校生の有権者意識を高めようと，総務省と連携して，政治や選挙などに関する高校生向け副教材「私たちが拓く日本の未来　有権者として求められる力を身に付けるために」が作成された6)。この副教材を活用するための教師用指導資料もあわせて作成されたが，この副教材が単なる知識の羅列ではなく，グループワークなどを通して考えさせるものになっているので，やはりファシリテーターとしての力量が必要とされる。

文科省は，引き続き「生きる力」の重要性を説いている。その重要性には私も共感するが，ただ，これには新しい解釈も加えるべきだと感じている。それは個の能力を伸ばそうとしてきたこれまでの教室の景色を学び合う子どもたちの集団の力を最大化していくような景色に変えていってほしいとの願いからだ。これからのグローバル化した社会で持続可能な未来を描いていくには，子どもたちに次の力をつけていくことを意識してほしい。

・　自分を集団で活かす力
・　自分が集団を活かしていく力
・　総体として集団が活きていく力

これらは，一斉教授型の詰め込み教育ではほとんど意識されてこなかったところである。なぜなら，こうした教室の風景は，せっかく何十人もの児童生徒を目の前にしていながら，結局は順番に当てるなどといった教師一人と児童生徒一人とのやり取りで成立してしまっているからだ。

厳しいグローバルな社会に立ち向かっていくには，他者と協働し，知恵と力を出し合い，互いにその潜在能力をひき出していかなければならない。相乗効果を生むような関係性をグループで築けるようにしていくことも必要だろう。

第5章　持続可能な未来のための教師論　*113*

教師は，聖職者という"姿勢"でもなく，労働者という"権利"でもなく，ファシリテーターという"あり方"を子どもたちとともに学び合うなかで探っていきたい。相矛盾するが，私たちが望む教師像は，時代に翻弄されずにぶれない普遍的な部分と時代に適応して変化する部分とがなければならない。子どもたちが教室で成長していくのと同様，理想の教師像を追究していくプロセスにおいて，教師自身も変化し，成長していってはどうだろうか。

:::読者のための参考文献:::
・石川一喜・小貫仁編『教育ファシリテーターになろう！　グローバルな学びをめざす参加型授業』弘文堂，2015 年
・佐藤学『専門家としての教師を育てる―教師教育改革のグランドデザイン』岩波書店，2015 年
・辻本雅史監修／船寄俊雄編著『論集 現代日本の教育史2 教員養成・教師論』日本図書センター，2014 年

注
1) 学校の学習環境と教員の勤務環境に焦点を当てた国際調査で，OECD 加盟国など34カ国・地域が調査に参加した。調査自体は 2013 年に実施されており，2008 年に次ぐ第2回目の調査となっている。日本は2回目からの参加で，今回が初めてとなる。
2) 第8回 教員勤務の実態（2）「データからみる今と未来―研究員リポート」『子どもの教育を考える』2010 年，ベネッセ教育総合研究所（http://berd.benesse.jp/berd/berd2010/center_report/data08.html）。
3) 子どものための世界サミット（1990 年，ニューヨーク），万人のための教育世界会議（1990 年，タイ・ジョムティエン），国連環境開発会議（1992 年，リオデジャネイロ），世界人権会議（1993 年，ウィーン），国連人口・開発会議（1994 年，カイロ），世界社会開発サミット（1995 年，コペンハーゲン），世界女性会議（1996 年，北京），世界食料サミット（1996 年，ローマ）などが開催された。
4) 中野民夫『ファシリテーション革命　参加型の場づくりの技法』はじめに，2003 年，岩波書店。
5) Eテレ（NHK 教育テレビジョン）制作の小学校高学年向けの道徳番組（http://www.nhk.or.jp/doutoku/kokorobu/）。
6) 文科省ホームページ「政治や選挙等に関する高校生向け副教材等について」（http://www.mext.go.jp/a_menu/shotou/shukensha/1362349.htm）。

第6章

学校から地域を俯瞰する—学校（文化・地域）論—

　学校教育法 第1条に規定されている幼稚園から大学に至るフォーマル教育の場が学校である。この法律で決められた「1条校」で教えることができるライセンスが教員免許状であり，教職課程はその育成機関である。このライセンスを取得することを主たる目的とした専門学部が教育学部である。いっぽうで，そのほかの学部で教員免許状を取得する場合，所属する大学に設置された教職課程（大学によっては，学芸員や司書教諭なども含む資格教育課といった名称であることも多い）で開設された指定科目の単位を履修することが求められる。

　さて，これからの持続可能な地域づくりに向けて学校の果たすべき役割は何か，あらためて考えてみたことはあるだろうか。本書のテーマである「持続可能な未来」づくりへの学校のもつ本来的な意義を考えるきっかけの場を提供するのが，本章のねらいである。その本質は，「集い，語らい，未来を描く学校」の創造を考えることにもつながる。

6-1　近代教育学における学校論はどのように変遷してきたのか

　日本の学校では，学習指導要領によって教育内容や指導上の留意点が定められていることもあり，文部科学省の検定を経た教科書が使用されている。これは，学習者が原則的に日本全国どこの学校に通っても，同質の教育が受けられることを学習者に対して保証する。学校教育法で規定された「1条校」を設置できるのは，原則として学校教育法第2条によって国，地方公共団体，学校法人のみであるが，一方で近年では構造改革特別区域法の第12条および第13条の制定により例外も認められるようになった。特区法の第12条では，地方公

共団体がその設定する構造改革特別区域において，地域の特性を生かした教育の実施の必要性，地域産業を担う人材の育成の必要性そのほかの特別の事情に対応するための教育または研究を株式会社の設置する学校が申請により「1条校」として認められる。また第13条では，不登校に直面する子どもたちのために，地域によっては，特定非営利活動法人の設置する学校が申請により「1条校」として認められることも規定されている。近年のこうした学校改革は，画一的な教育政策に対する種々の課題対応への処方箋として，学校の多様性を認める傾向を生み出している。

　ところで皆さんは，学校という教育活動の営みの場がなにゆえに求められるのか，あらためて考えたことはあるだろうか。また，その目的はどうあるべきなのか。こうした問いに対する答えは，これまでの教育史を紐解くことから見いだすことができる。高橋（1992：48）は，こうした学校論に関する基本的な問いに関して，教育学では一般論として教育の成立基盤としている社会の影響を強く受ける，としている。すなわち，それぞれの社会にはその社会に生きる人々の社会に対する理想や精神が生きており，それが社会の制度・生活・思想・芸術・宗教などに浸透して，生活を規制し方向づける原理となっている。こうした社会精神や社会理想は，その社会の理想的人間像を教育のねらいとして写し出され，結果として教育の目的論として反映される。いいかえれば，なぜ教育という営みが求められるのかは，人々をとりまく社会，社会をつくる民族意識，そして人々がつくる国家によって実質的内容に顕著なちがいがあらわれ，さらに社会観や人間観，世界観や価値観をとりまく時代の影響を受け，歴史的に変遷するのである。こうした考え方に関連して，松島（1982：123）は，古代・中世，近代から第一次・第二次世界大戦を挟んだ現代に至るまで，東西冷戦に象徴される自由主義諸国と社会主義諸国という対立軸の他に発展途上国を含んだ3つの社会体制を時間軸との重ね合わせで紐解くことの重要性を説明している。つまり，教育目的の基底をなす理想的人間像は時代や社会の総意によってさまざまな姿をとること，またそれは個人の立場と国家・社会の一員としての形成の要求とが対立あるいは結合し，これに世界観が複雑に絡み合って

設定されうるものであることを示している。

　ベルリンの壁が崩壊してからすでに四半世紀以上が経過した。人やモノ（物流），マネー（経済）や価値観，そして価値を形成する多様な情報が積極的に対流する現代社会は複雑化する一方である。前述した3つの社会体制それぞれにおいて内からの矛盾が吹き出し，社会精神や社会理想の方向性がわかりにくい世の中になってきている。今こそ持続可能な未来づくりに寄与する学校はどのようなヴィジョンなのかが追究されるべきで，そのためにも理想の学校観や哲学をもった教育人材が，学校現場で求められている。そして，教職を現在めざしている皆さんやすでに教職についている皆さんに，あらためて考える機会を提供することが，本節のねらいでもある。

　学校を論じるにあたって，学校とはそもそもどのような場であったのか，その歴史を振り返ってみよう。鈴木（1982：14-15）によれば，日本語で「学校」を意味する"school"は，ラテン語の"schola"に由来し，これがさらに閑暇，休息を意味するギリシア語の"skhole"に源をもつ，とされる。閑暇や休息を意味するスコーレが学校を意味するようになる背景として，古代の学校は，労働から解放された貴族階級のみが入り得る特権であったことに注目してほしい。限られた者だけが集う特権としての学校でありつつも，さらには特定の職業的，専門的志向を超えた人間そのものの教育という普遍的な場であったことも示されている。そののち学校が，一部の特権階級のためのものであった時代から，民主的な社会の発現を生み出す場，また「子どもの発見」に代表されるように子どもの潜在的な可能性を伸ばそうとする実践の場へと変わっていく。すなわち前述したように，教育のねらいとともに学校はそのあり様を変化させていくのである。その転機には，どのようなきっかけがあったのだろうか。

　藤井（2010：56-64）によれば，産業革命以降の公教育制度は，産業に適合する人材育成を教育に求め，「金太郎飴」のようにその教育の内容や方法の標準化・規格化を推し進めた。なかでも学校は，人間を社会の標準や規格にあうように「社会化」し，かつ社会の目的に応じて「選抜・分配」する機能ももち合わせてきた。20世紀に入ると学校は大量生産を行う工業化社会を支える人材

育成のための装置として，飛躍的にその機能を拡大させる。すなわち，一斉教授などによる教育手法を用いて，学校は，学習者に知識や技能を効率的に習得させる場，として発展していく。こうした変遷において，国家権力が絶大で社会の成長神話がゆるぎないものであるとき，学校がかかえる諸問題は顕在化しにくい。その一方で，学校の教室という閉じられた空間に学習者をおしこめ，教師が一方的に知識を教授し，効率的に学習者を序列化する学校のあり方に対しては，人間教育の場としての本質論の観点から種々の異議がではじめる。

　近代教育学における学校への批判的論調は，19世紀後半にたとえばJ. デューイに代表される。藤井（2010：56-64）によれば，デューイらは，教師や教科内容を教育の最重要な営みとして位置づけ，かつ一方的に教え込みを行う教育を「旧教育」として批判し，子どもの自発性に基づく「新教育」を展開しようとした。また，児童中心主義の理論に基づく問題解決学習の提唱者として世界の教育実践に影響を与えた。こうした流れは，日本でもユニークな学校を生むことになった。1917年に澤柳政太郎は「個性尊重の教育」「自然と親しむ教育」「科学的研究を基礎とする教育」「心情の教育」を掲げ，のちに日本における新教育運動（大正自由教育運動）の拠点となる成城小学校を創設することになった。その後，赤井米吉の明星学園，小原國芳の玉川学園の創設にも影響を与えることになる。また同時期には羽仁もと子の自由学園，野口援太郎と野村芳兵衛らの池袋児童の村小学校といった子どもの自由な自己活動を重視する学校がつくられ，論壇では「八大教育主張」と呼ばれる新教育思想論が活発に議論された。

　新教育運動の影響を受けた学校は，戦前・戦後を通じて多様な学校を生み出すきっかけとなった。その一方で，上野（1982：40）は，現在に至る高度化・専門化に伴う科学・技術の進歩と民主主義社会の理念である「教育の公平・平等」性を志向する学校が，「教育改革」の時代にのみこまれていったことに着目している。1957年の旧ソ連の人工衛星「スプートニク」の打ち上げ成功は，世界規模での「教育改革」「教育競争」の幕開けとなった。初等教育から高等教育に至る教育制度の系統的・効率的再編が試みられた。その理論的支柱であ

る人的能力開発論は，教育の経済的効率を計量化し，人的能力の向上・効率的配分を経済政策の重要な構成要素として長期的に教育計画に組み込むことを意図したものである。さらに，後期中等教育の多様化，能力主義などの現在の学校教育における社会問題化に通じる転機を迎えることになっていった。

　こうした社会背景により学校が，人間を序列化する社会装置として機能し始めると，学校の社会的意義を本質的に問い直す動きも顕在化するようになる。たとえば「脱学校論」のI.イリイチ，「非抑圧者の教育学」のP.フレイレなど，社会背景にちがいはあるものの1960～1970年代にかけて，学校という学びの場に対する問い直しの動きは，教育界全体として無視できない潮流を生み出した。一方で藤井（2010：56-64）は，学校の内側からも「いじめ」「不登校」「校内暴力」といった深刻な問題が発生し，近年ではフリースクールやフリースペースなどの増加に伴って，いわゆる「オルタナティブ教育」（オルタナティブ：alternative…「代替的な，替わりの」という意味）という新たな潮流が学校の社会的価値を変容させようとしている，と述べている。このように振り返ると，上述したように，なぜいわゆる「1条校」だけでなく，特区制度を活用した多様な学校が認められるようになったのか，その背景が読み解けるのではないだろうか。

6-2 「学びの共同体」としての学校

　学校論の変遷を改めて考えてみると，学校と社会は深い関連性をもってとらえることができる。とくに近代教育学の学校原理には，人材を大量生産・大量消費・大量廃棄の対象であるかのように，工業化社会を支える人材育成の場としての機能が色濃く投影されてきた。他方で教育という営みにおいて，知識や技能の教授の効率性を極端に求めるあまり，その反動として一人ひとりの個性を大切にしようとする「オルタナティブ教育」といった別次元の学校論が論じられていることも注目に値する。ただし，公教育における「1条校」を中心とした学校が，現在では基本的に教育基本法や学習指導要領といった法的拘束力によって常に縛られているのに対し，歴史的に特色ある学校は成城小学校や明

星学園,玉川学園といった私学により,建学の精神が受け継がれていることも事実である。

本節では,教育学において「学びの共同体」理論を確立した日本教育学会元会長の佐藤学の言説(2012a)(2012b)を整理したい。佐藤は,これまで30年以上にわたり,国内で約2500校,国外(23カ国)で約300校を訪問調査し,教師も子どもたちも学び育ち合う学校改革の糸口を見いだし,ときには励まし,ともに学び合う関係性を築いてきた日本の教育学者である。とくに1998年に「21世紀型の学校＝学びの共同体」のパイロット・スクールとして神奈川県の茅ケ崎市立浜之郷小学校が設立されたことで,全国各地の学校改革の奔流を導いた。現在「学びの共同体」を標榜している学校は,小学校で約1500校,中学校で約2000校,高等学校で300校に達している。以下では,最新の動向を「学びの共同体研究会」情報を中心に,その概要を整理する。

(1) 学びの共同体研究会

学びの共同体は,21世紀型の学校のヴィジョンであり,哲学であり,活動システムであると定義されている。学びの共同体の学校改革は,学校を子どもたちが学び合う場所にするだけでなく,教師たちも専門家として学び育ち合う場所とし,親や市民も改革に参加し協力して学び合う学校づくりを推進している。その目的は,一人残らず子どもの学びの権利を実現し,一人残らず教師の専門家としての成長を保障し,大多数の親や市民が信頼し協力し合う学校を実現して,民主主義社会を準備することにあるとされている。このヴィジョンをもとに,学びの共同体の学校改革は,公共性の哲学,民主主義の哲学,卓越性の追求という3つの哲学と,教室における協同的学び,職員室における同僚性の構築,保護者や市民の学習参加の実践を推進している。現在,この改革は国内の学校はもとより,アジア諸国を中心に国際的な連帯によって推進されている。

（2）ヴィジョン

　上述の学校改革へのヴィジョンとしては，子どもたちが学び育ち合う場所であるだけでなく，教師も専門家として学び育ち合う場所であり，保護者や市民も改革に協力し参画して学び育ち合う場所であると位置づけられている。この学びの共同体のヴィジョンを掲げて，学びの共同体研究会に参加する人は，一人残らず子どもの学ぶ権利を実現し，一人残らず教師が教育専門家として成長し，大多数の保護者や市民が学校に信頼関係を築く改革を推進し，この改革を通して，私たちは一人残らず学びの主権者となる民主主義の社会を求めているとしている。

（3）哲　学
　この改革は，「公共性の哲学」「民主主義の哲学」「卓越性の哲学」の3つの哲学を基礎にしている。これらの哲学を実現する基礎を「聴き合う関係」による対話的コミュニケーションに求めている。
　①　公共性の哲学
　学校は公共空間であり，内にも外にも開かれていなければならない。学校改革の第一歩は，教室を開くことにある。学校を公共空間として機能させるためには，最低年に1回自らの授業を公開し，すべての同僚とともに，子どもを育てる関係性を築く必要がある。
　②　民主主義の哲学
　ここでいう「民主主義」とは，多数決を意味しているのでもなければ，政治的な手続きを意味しているのはない。デューイが定義しているように，「他者と共に生きる生き方（a way of associated living）」を意味している。学校と教室に民主主義を実現するためには，子どもと子ども，子どもと教師，教師と教師の間に「聴き合う関係」を創造しなければならない。聴き合う関係だけが対話の言葉を準備し，対話的コミュニケーションを生み出して，学びの共同体を実現することを可能にするとしている。

③　卓越性の哲学

　ここでいう「卓越性」は，ほかの人と比較してすぐれるという意味ではない。どんな条件にあっても，その条件に応じてベストを尽くすという卓越性である。どんな条件であっても，丁寧さと細やかさを大切にして，最高の学びを追及することを習慣にする必要がる。さまざまな言い訳をして学びや授業，課題のレベルを下げてはならない。課題のレベルを上げて卓越性の哲学を追及することは，教師にも子どもにも，学びにとっても最も重要な倫理である謙虚さ（modesty）を育てることにもなる。

（4）活動システム

　この改革は，教室における「協同的学び（collaborative learning）」の実現，校内において教師が授業を開き合い学び合うこと（とくに職員室における教師の学びの共同体：professional learning community）と「同僚性（collegiality）」の構築，保護者や市民が改革に参加する「学習参加」の3つが活動システムであると明記されている。

　こうした学びの共同体の改革は，全国各地のパイロット・スクールと学びの会を拠点として推進されており，「学びの共同体研究会」ホームページを活用して，彼らの活動に参加することを呼びかけている。事務局のメールアドレスが公開されているので，彼らの学校へのコンタクトが可能である。学校づくりの教育哲学に興味をもった皆さんは，ぜひその現状を自分の目で見てみることをお勧めする。「学びの共同体」の普段の授業がそのほかの一般的な学校の授業とどのようにちがうのか，具体的にわかることだろう。さらに，約100名のスーパーバイザーが改革を支援しているため，佐藤の理論はもはや一研究者の領域を超えて，ボトムアップの学校改革としてその外延を静かに拡張しつつある。

　研究指定校における教育実践は，特定研究期間は盛んに研究授業や勉強会が開催されるものの，期間が終了するとその活動の勢いが縮小することは，けっ

して珍しいことではない。しかし，佐藤によれば「学びの共同体」の象徴的な学校である浜之郷小学校は創立18年を迎え「第二の黄金期」を迎えている，という。2011年現在，学校教員の平均年齢が31歳という若い教師たちによって成り立っていることも，特質すべき点である。すなわち，18年の間で教員も子どもたちも地域も，そして時代も移り変わっていくなかで，地域に根づいた学校として「学びの共同体」が持続的に実践されていることは，注目に値する。そうしたなかにあっても児童たちは，柔らかく自然体で細やかに生活している，という。その理由について佐藤は，子ども一人ひとりの尊厳が大切にされ，教師たちが細やかに丁寧に子どもたちに接していること，そして子どもたち相互のかかわりに理由があると分析している。授業のなかで育まれ聴き合うかかわり，応答し合うかかわり，学び合うかかわりが，ケアの共同体と学びの共同体を一体のものとして成立されているからではないかと評価している。浜之郷小学校では，カリキュラムを「言葉の教育」「探求の教育」「アートの教育」「市民性の教育」の4つの文化領域において構造化し，そのバランスのとれた教育を追及してきた。授業実践における質の高さを実現するために，教材研究の発展についても評価している。教材研究に伴う「真正の学び（authentic learning）」の追及が，質の向上を導いてきた。この質向上に際して，ベテランの教師から若い教師への専門家文化の世代継承の典型もみられるし，浜之郷小学校に限らず，若い教師たちが学び育ち合う学校の可能性は，とてつもなく大きいし，そこに日本の学校の未来への希望を見いだすことができる。

　さて，ここまで「学びの共同体」の学校哲学をみてきた。このような学校のどこがすぐれているのだろうか。第一に，教育にたずさわる人同士が，理想として掲げたヴィジョンをその時代，地域，子どもたちの興味関心を考慮して共有しようと努力する営みがあるということである。　年　年を単純なルーチンワークにせず，発展可能性を常に探り成長しようとするプロセスは，一般的な学校現場では大変であることが背景にある。第二に，教えと学びを対立関係にせず，学びを共同体という関係性のなかで築こうとしていることである。子どもは教師から学ぶ，という既成概念に縛られず，教師も子どもから学ぶという

謙虚さをもつことは，実際の学校で職務につくと忘れがちになる。互いの信頼関係を尊重することが，学校づくりにおいて非常に重要であることを配慮できるように努めてほしい。第三に，この実践が持続可能な実践として，担当する教員が入れ替わっても，時代の変化に合わせて継続的に取り組まれているということである。しっかりとした教育哲学に基づいて始めた実践であれば，子どもや親，地域の声に耳を傾け，こつこつと積み上げ，輪を広げて続けていくことで地域に根づき，ボトムアップの学校づくりにつながるものとなる。まさに，「継続は力なり」なのである。

6-3 「地域に根ざした学校」を考える

「学びの共同体」を志向する学校の存在には，そうした学校論の骨格や体系をわかりやすく導いてきた佐藤の功績が大きい。こうした学び合いの実践を通して，学校が地域づくりに寄与した事例も多いのではないだろうか。いっぽうで，私たちが生きている日本という国では，都市部の一極集中に対して地方の過疎化は深刻な状況を浮き彫りにし，「消滅可能性都市」といった言葉を耳にすることが多くなりつつある。こうした現象こそ，持続可能な未来を閉ざす兆しの表れであり，地域のなかの学校を現世代的にも歴史的にも丁寧に考える意義がある。そこで，本節ではその一例として北海道の栗山町が進める「栗山町ふるさと教育」に焦点を当てて考えてみたい。

栗山町は北海道夕張郡にあり，山を挟んでかつて炭鉱で栄えた夕張市の西側に位置する。1888（明治21）年に宮城県角田藩士であった泉麟太郎が夕張開墾起業組合を設立。夕張川を丸木舟で渡り，アノロ（阿野呂）川右岸の原野にたどり着いた旧角田藩士とその家族24人が入植したことにこの町の歴史は始まる。

現在の栗山町は，産業（商工業）のバランスがとれ，主要都市（札幌・新千歳空港・苫小牧）との道路アクセスに比較的恵まれ，豊かな生態系・自然環境に恵まれたまちである。この町が，全国的に知られるようになったのは，1985（昭和60）年の夏に国蝶「オオムラサキ」が生息する北東限地域であることが

確認され,「公開して守る」環境保全とまちづくりを両立させ町政をとったことで,「オオムラサキ」がまちづくりのシンボルになったことによる。道内全域に存在する地方銀行・北洋銀行の栗山支店の看板には,「オオムラサキ」が描かれている。また,当時の環境庁から「ふるさといきものの里」に指定されたことで,町民と行政の協働による地域ぐるみの自然保護活動へと発展する。1990（平成2）年には,行政による活動の基盤づくりとして「栗山町いきものの里ふれあいプラザ」が開館し,自然関係団体の拠点施設,資料展示スペースとして活用され,翌1991（平成3）年には「オオムラサキ」の生態を通して雑木林の機能や生物多様性を学ぶ環境教育施設として「ファーブルの森・オオムラサキ観察飼育舎」が開設され,町内外の小学校に多く利用されている。さらには,環境庁（当時）の補助を受け,1999（平成11）年にハサンベツ地区の遊休地約24haを町が購入,2001（平成13）年には町民主体とした官民協働の里山20年計画を策定し,年間2000人以上の自然体験教育活動を地域として受け入れてきた。

　こうした自然環境保全とまちづくりを融合したユニークな地域性を有しながらも,産業振興地域の変遷などにより,町内の人口分布が変わり歴史ある学校が廃校になるという事実にも直面してきた。なかでも,明治時代から続いてきた小学校のうち,多くの卒業生を輩出してきた雨煙別小学校の1998（平成元）年の廃校は,地域住民にとって大きな地域課題となった。同校はおよそ10年間,地域で廃校になった学校の取り扱いがそのまま取り残された結果,風・雨・雪にさらされてやがて朽ちて消える運命にあった。しかし,2008（平成20）年,公益財団法人コカ・コーラ教育・環境財団の財政的な支援を受けることが決まり,とくに栗山町で自然環境にかかわる町民活動を続けた人々の悲願が実ることになる。延べ1500人の町民がボランティアで学校の改修工事に参加することで,町の学校としての機能を発展的に取り戻す契機となった。改修された学校は,次世代育成・宿泊滞在型（ゲストハウス）の自然環境体験施設として,主として栗山町の子どもたちの教育の場「雨煙別小学校 コカ・コーラ環境ハウス」として新たな役割を担うことになる。

「オオムラサキ」が発見されてから四半世紀を超える町民の活動のストーリーは，現在栗山町が進める「ふるさと教育」へとつながる。それは「ふるさとは栗山です―人・自然・文化・産業のつながりで創るまち」というプロジェクトスローガンにもみることができる。「栗山町ふるさと教育」は，学校だけでなく，社会教育などあらゆる世代や場で進めることを念頭においている。いっぽうで，学校の「ふるさと教育」実践では，地域を題材に理科・社会・国語などの各教科や総合的な学習の時間で地域を教育の内容として取り扱うことが試みられている。具体的には，四季を通して町内の川の観察，川の生き物の飼育と観察，教室での「オオムラサキ」の飼育，浄水場・下水処理場・ごみ処理場など町内施設の学習や，学芸会では自分たちの触れた昆虫などを劇で演じたり，中学校のキャリア教育として地域の企業など（毎年40社前後）で体験的に学んだり，町立北海道介護福祉学校で地域の福祉を学んでおり，さらには夕張川探険（Eボート川下り）や川流れ体験など，その実践は多岐にはわたっている。そうした実践には，地域と学校とを横断する「ふるさとを，ふるさとで，ふるさとから，学ぶ」という教育哲学が存在する。「栗山町ふるさと教育」は，町内全校（小学校3校・中学校2校）で実施され，雨煙別小学校 コカ・コーラ環境ハウスは，小学5年生の宿泊学習としてまさに「ふるさと教育」の中心施設として活用されている。こうした活動の成果と課題は，北海道の空知・石狩・胆振管内の教職員を対象とした教育実践研究会として共有されている。2013（平成25）年には町民・町内教員を中心に「ふるさと教育交流会」が開催され，さらに高等学校への広がりが期待される。こうした足元をしっかり学習する場が学校教育を中心に担保されていることと並行して，栗山町では外国でのホームステイ体験や交流を通じて，国際感覚豊かな青少年育成のため，町内の中学生・高校生を海外に派遣する「少年ジェット 希望の翼」事業を1990（平成2）年から実施している。近年では，オーストラリアのパースに派遣する町内中学1年生～高等学校3年生8名が公募されている。ふるさと栗山町の自然・歴史・文化・産業を学んだ経験が，海外経験により真の意味での異文化体験を深めることになる。

さて，ここまで栗山町の地域性や教育，学校哲学をみてきた。このような学校のどこがすぐれているのだろうか。栗山の教育にたずさわる人と話すと，先人たちがこの地域の開拓に苦労してきたことへの感謝の念，そしてアイヌの人たちがもつ自然との共生観が教育哲学の形成に大きく関係していることがわかる。また，四季に応じて豊かな自然環境教育が実施され，廃校になった校舎改修によって誕生した環境ハウスが有効活用され，近隣の空知地域を巻き込んで教員研修の拠点としても教育の質的向上に役立っている。そして，「少年ジェット　希望の翼」事業を展開することで，自分たちの地域を外から考える機会を提供し，持続していることにある。グローバル感覚というのは，語学力よりむしろ多文化体験により自分の足元の地域を見つめ直せる能力が重要である。先住民族・アボリジニの人たちが住んでいたオーストラリアが，イギリスからの入植地を経て現在に至る過程は，今の北海道と通じるものもある。そうした重ね合わせによる共通点と差異を考えるプロセスが，結果として今の栗山という地域に対してふるさと意識を醸成させているのである。もし，学校づくりの教育哲学に興味をもった皆さんがいるなら，実際に栗山町を訪れ，その現状を自分の目で見ることをお勧めする。いわゆる観光地としての北海道とは異なる地域，学校がみえてくるのではないか。

6-4　集い，語らい，未来を描く学校をめざして

　前述したように学校という場は，その社会に生きる人々の理想や精神，社会の制度・生活・思想・芸術・宗教などに浸透して，生活を規制し方向づける原理と深く関係がある。すなわち，その時代の社会観や人間観，世界観や価値観の影響を受け，歴史的に変遷する。そのため，ときに産業界からの圧力や政治的に学校という場が利用されてしまう現実を認識する必要がある。すでに教職の現場で試行錯誤している皆さんのなかには，理想と現実のはざまでたくさんの荒波にのみ込まれて苦労している者もいるかもしれない。いっぽうで，これから教職に就こうと努力している者は，なぜ学校に活躍の場を求めようとしたのかを振り返り，個々人の原点を見失うことなく，かつ社会の変化や自分とは

異なる意見をもった人とつながる場としての学校の可能性を信じてほしい。普遍的な学校の価値を信じたボトムアップの学校実践としての「学びの共同体」の取り組みは，学校の可能性を信じ，信念をもって教育実践に取り組んでいる学校づくりのモデルでもある。また，北海道の栗山町教育委員会を中心に取り組まれている「ふるさと教育」は，地域の自然・文化などの歴史やアイデンティティについて考える場を学校が提供している。これらは，学校という場が子どもにとって社会とつながるきっかけであり，ときに地域や社会とつながるコミュニティであり，未来をつくる人材が育つ場であることを考慮する必要がある。これまでに論じてきたことをふまえ，本節ではこれからの学校の可能性を以下4つの論点により，皆さんに考えるきっかけをつくることをめざしたい。

（1）持続可能な地域づくりを担う人材育成の場としての学校の可能性

　2013年に国立教育政策研究所が取りまとめた『環境教育指導資料（小学校編）』では，見開きカラーページに教育界全体で議論されている「生きる力」との関係性について，丁寧に整理している。これは，これまでの指導資料ではみられなかったコンテンツである。また，幼・小連携の必要性や写真を多用した具体性は，編集の過程でわかりやすさを追求した軌跡がみられる。こうした動きは，現行の学習指導要領の下での「総合的な学習の時間」の時間数半減とも重なるが，PISAを中心とした国際的学習論との整合性を明示することが現場レベルで求められている実情をけっして無視できないことによる。これは，いわゆる「ゆとり教育」政策からの転換の影響が，学校の本来的役割の議論に大きく影響し，子どもたち，保護者，地域・社会，産業界への説明責任を果たすことが，学校現場で大きな圧力になっていることにもつながる。

　しかし，一方で「消滅可能性都市」といった言葉が社会全体の課題として位置づけられるなか，都市の一極集中や地方の過疎化の限界性，都市部であっても同時期に移住した住民が高齢化していく「ニュータウン」の空洞化など，今すぐに正面から向き合うべき課題も多い。すなわち，地域や社会の持続可能性に貢献する人材育成も学校の役割として重要であることに変わりはない。学校

で教職に就く教員が「生きる力」や「脱ゆとり」と「環境人材（持続可能な社会／地域づくりに貢献する人材）」との整合性について，学校での教育実践の必要性と関連づけて説明できることが求められる。多くの知識を獲得するだけではけっしてねらいを達成できない体験的・実践的な教育が必要である。学校でそのような教育を受けた子どもたちは，いずれ未来を担う大いなる可能性をもち，学校は過去から現在，そして未来へとつながる場となる可能性をもち合わせている。学校は，過去から現在に至る社会の課題を見いだすきっかけを提供し，ともに学び，ふるさとの思い出の根幹が醸成されて，持続可能な地域づくりから社会づくりへと成熟していくきっかけの場となることを教員は意識する必要がある。そうしたことについて，自分の考えを学校にかかわり合うすべての人たちと語り合う能力がこれからの教員に求められる。このことについて理解を深め，授業案や年間指導計画，学校の管理職や教育委員会に対して説明責任を果たすことができれば，学校の可能性は広がるし，ボトムアップによる教育実践のアイデアも無限に広がる。つまり，学校という場が，地域や社会を変えることにつながっている可能性があり，そうしたことを教育関係者のなかで広く認知される必要がある。

（2）子どもの多様性・多文化共生と向き合う学校の可能性

　戦後日本の歩みを振り返るとき，戦後復興から高度経済成長期の時代，軽工業から重工業を中心とした主力産業の転換に伴う労働力は，中卒や高卒の「ブルーカラー」によって支えられてきた。高学歴の「ホワイトカラー」は社会全体ではマイノリティーであり，農・工・商業の実学的な高等学校の卒業生が，社会で重用される時代にあった。

　その後，オイルショックや深刻な公害汚染の反省による社会構造や法整備，コンプライアンス遵守やCSR概念の普及などにより，国内的には対処療法的に生活者や労働者の人権が守られる流れにシフトしていった。いっぽうで，バブル期の国内産業の単純作業を中心とする雇用は，アジア周辺国の安い労働力が担うことになったり，日系人を中心とした海外にルーツをもつ人の積極的な

受け入れによって支えられたりしてきた。とくに実学的な公立高等学校では，特色のあるコースをもたなければ整理・統合の波に飲み込まれ，単位制高等学校といった新しい制度をもつ普通科高等学校にシフトすることになる。バブル崩壊後の日本は，当時の円高志向の為替政策もあり，ロー・スキルな工場は海外移転が進み，他方で1999（平成11）年の労働者派遣法改正による動きも絡んで，国内人材だけでなく，安い労働力を海外から導入する動きが加速した。これらの流れは，学校における子どもたちや親の文化的多様性，ハーフや不法滞在による満足な戸籍のない子どもたちを生み出すきっかけとなった。こうした子どもたちは，不幸な場合には，学校のなかでマイノリティー化し，学校という子どもたちのコミュニティのなかでいじめの対象になったり，言葉の問題によるコミュニケーション不足による地域や社会からの孤立を生むことにつながったりしている。

　義務教育段階の小・中学校では，こうした子どもたちのケアに当たる教育人材が求められる傾向にあり，地域によっては教員採用試験でJICAの青年海外協力隊経験者が一次試験で優遇されるようになっている。これからの学校が，「日本人」というくくりで国の成り立ちばかりを教え込む場であり続けると，異なる文化背景をもつ子どもたちの孤立を加速させることになりかねない。現在，ヨーロッパを中心に保守化が進むと同時に，移民排斥運動が顕著になっている。これは，過去の植民地政策のつけがきていると考えられる。いっぽうで，日本のなかではEPA（経済連携協定）に基づき，人材不足が深刻な看護や介護職に外国人を受け入れる動きが進みつつある。産業界では，日本の人口減少時代を鑑み，こうした政策を拡大しようという圧力が一部にみられるが，こうした政策を進めることは，その家族である子どもたちを学校で受け入れて孤立させない教育実践が求められることにつながり，それに備えなければならないという意識をはっきりともつ必要がある。

　持続可能な未来に向けた学校の具体的な構想には，すでにさまざまな実践が試みられている。地域や学校の取り組みについて，もっと地域や社会から注目が集まり，どんな実践が取り組まれているのかについて教員間で情報を共有す

ることが必要となる。また，ヨーロッパを中心とした移民排斥の動きが加速する国々の学校の取り組みについて，教員は適宜スタディツアーを実践したり，実践経験や学校体験をしたりすることが，結果として学校で子どもの多様性を積極的に学校文化として取り込み，多文化共生を社会として実現することにつながるのではないだろうか。学校は，このような観点から，子どもの多様性を受容し多文化共生を実現する地域や社会と向き合う場としての可能性を有している。

（３）"Cool Japan"世界とつながるサブカルチャーを取り込み，新しい文化を創造する学校の可能性

　NHKは，国際放送の「NHKワールド」で，定時の日本発ニュースのほかにも，日本の文化やサブカルチャーを積極的に発信するようになった。サブカルチャーといっても，マンガやアニメ，歌やドラマ，ラーメンなど多岐にわたる。日本人が考えるユネスコ無形文化遺産登録されたメインカルチャーとしての「和食」文化なども大きなインパクトを与えているが，若い世代を中心にメインとは異なる日本文化に興味をもつようになった人が増加している。とくにマンガやアニメについて，かつて「オタク」文化の象徴として社会のマイノリティーであったサブカルチャーは，世界のメインカルチャーに広がりつつある。世界の人口が約71億人に達するなかで，日本の人口は1億2000万人で減少傾向にある。いっぽうで，「71分の1」の希少カルチャーに興味をもち，植民地政策とは異なった自らの興味と意志，そして努力で，まずは自国において日本語や文化などの理解に努力する海外の子どもや学生は，新たな国際理解，国際交流を展開する可能性をもっている。

　こうした動向に対して，メインカルチャーの着物や茶道体験を主に国際交流事業をしてきた財団だけでなく，観光業界もいわゆるインバウンド（in-bound：内に向かうという意味で）観光として好機としてとらえるようになっており，その兆候は社会全体で決して無視できない状況となりつつある。インバウンドとは，アウトバウンドとの対抗軸として，とくに観光業界で近年積極的に使わ

れる言葉である。旅行や観光，教育の文脈によるスタディツアーなどは，これまで自分の地域の外や国外に出るアウトバウンドが基本であったが，近年の歴史的な円安傾向もあり，日本各地の国際空港や国際港は，かつてない賑わいをみせている。すなわち，インバウンド観光として，海外からやってきた人たちを，学校のフィールドにも積極的に取り込むことで，互いに新たな刺激を生み出す可能性がある。日本の学校に外国人が熱い視線をもっていることを知っているだろうか。ジャパンクラス編集部（2015：6-35）がまとめた内容には，以下のことに外国人が日本の学校に興味をもっている。

> ・すべての学校にプールがある
> ・ほとんどの学校で，部活動が充実している
> ・給食のシステム，質が高い
> ・ランドセルの機能性が高い
> ・体育祭が学校行事として毎年される（欧米にはない）
> ・文化祭の質が高い
> ・使わないものを綺麗にする心（閉校が決まった学び舎を全校児童で清掃する）がすごい

ほかにも，日本の女子学校制服ファッションが「KAWAII」として，日常的に興味が集まるなど，日本の学校文化の潜在的な力は計り知れない。

日本の学校は，国内的には超少子高齢化社会に備えて，福祉施設と兼用，転用する動きも顕著になりつつあり，まさに，冬の時代到来とネガティブに考える動きが加速しているようにみえる。しかし，本質的な"Cool Japan"効果によって，小学校から大学院までポジティブな留学生を受け入れる学校が求められている。一般的な留学や交換留学制度を活用した取り組みは，高等学校や大学が多いが，あらゆる学校に受け入れ態勢を拡大することが，結果として多様な文化にふれる機会をつくる観点から現状の学校に変化をもたらすと考える。幸いにして現状として，安全で衛生的な教育環境は，留学に理解ある保護者にとって安心材料である。また，地方の学校も含めれば，学校のハード面や教育人材も，多様な子どもや若者を受け入れられる可能性をもっている。インバウ

ンド観光では，日本文化や日本人との深いかかわりを求めてやってくる若者も少なくない。いっぽうで，東京のような大都市圏と異なる地方独特のつながりやかかわりが大切にされている魅力的な地域が日本には多数ある。観光から留学の受け入れへ，とくに過疎化が進む地方で留学生を受け入れる学校が増えれば，学校の過疎化に歯止めをかけるだけでなく，その時間を共有する日本の子どもたちにとってもかけがえのない世界の友だちづくりのきっかけにもなる。また長く地域で学ぶことで，地域文化に対する理解が進み，理解ある若い世代の日本への定住のきっかけにもつながれば，少子高齢化という社会のマイナスな動きに歯止めをかける効果さえもたらすことも期待できる。そのためのきっかけは，日本人の目線によるメインカルチャーだけではなく，海外の子どもたちがもつサブカルチャーであっても楽しい。学びのきっかけとなる入口は広いほうがよいが，どんな入口があるのか，私たち自身が学校の教科書から一度離れて教育の内容について概観してみることも重要ではないか。

　サブカルチャーによるボトムアップのパワーは，インバウンドな学校づくりに向けた1つの好機であり，日本全国が真の国際理解・国際交流に向けて成熟する好機でもある。東京や京都だけでなく，北海道から沖縄まで日本人も知らない47都道府県の特色があり，地域の自然・歴史・文化も多様性がある。サブカルチャーに興味をもった留学生が地域とかかわったとき，日本人が気づかない新たなメインカルチャーの掘り起こしにつながるし，学校は世界とつながるコミュニティスペースとしての可能性をもっているのではないだろうか。子ども・若者は，地域に活気を与え，過去と現在，そして未来をともに描く存在として大事にされることが，子どもや若者の一生の思い出となり，自国に帰国したあとも地域とつながり続くなら，持続可能な地域づくり，そして社会づくりにつながるし，その未来は世界ともつながる。こうしたことを具現化していくためにこれからの学校はどうあるべきか，バックキャスティングに展望することが重要である。その道筋は，多様な子ども・若者を受け入れながら対話し，課題が起これば正面から向き合って理解しあい，居場所としての学校をつくること，そのプロセスを楽しむことができるなら未来は明るいと考える。

学校論を正面から論じつつも，学校は子どもにとって社会とつながる場であり，地域や社会とつながるコミュニティスペース，そして世界とつながり，子どもが大人になってつくる社会への広がりは無限であることも論じてきた。地域の実状からみた学校の可能性については，次章で論じられるので，そこにバトンをつなげたい。いっぽうで現実の学校は，「学校はこうあるべき」といった保守的な既成概念が支配的であることも事実である。しかし，リベラルで学校の可能性を広げることに前向きな教育人材が知恵を絞り，集い，語らい，未来を描く場としての学校は，学校から地域や社会を変える可能性があることも暗示している。

　学校は，人々が自らつながり，かかわり，そこで学んだ人が多様な未来を切り開く広がりをもつ。それは世代を超えて，さまざまな人が集い，語らい，未来を描く場でもある。過去と現在，そして未来を想像し，創造すること，学校の学びが未来へとつなぎ，つながる。これからの学校は，広い視野と柔軟な発想，そして多様な文化に共感し，子どもに夢と未来を与えること，そんな学校づくりへのヴィジョンをもつことこそが，これからの教員に求められるのではないだろうか。

読者のための参考文献
- 高橋次義「教育の目的」『教育学概論〔改訂版〕』酒井書店，1992年
- 松島鈞「西洋における理想的人間像」，鈴木博雄「学校の起源」，上野耕三郎「科学・技術の発達と教育制度・政策」筑波大学教育学研究会 編『現代教育学の基礎』ぎょうせい，1982年
- 藤井基貴「オルタナティブ教育の可能性」『未来をつくる教育ESD　持続可能な多文化社会をめざして』明石書店，2010年
- 佐藤学『学校を改革する―学びの共同体の構想と実践〈岩波ブックレット　No.842〉』岩波書店，2012年a
- 佐藤学『学校見聞録　学びの共同体の実践』小学館，2012年b
- 栗山ふるさと文庫『くりやま　写真で見る120年史』栗山町・栗山町教育委員会・栗山町図書館，2008年
- ジャパンクラス編集部『JAPAN CLASS』東邦出版，2015年

第7章
持続可能な地域社会における学校

　すべての学校は，地域社会のなかに存在しており，地域社会の一部である。しかし，皆さんのなかには，学校は地域社会とは一線を画した場所であるという印象をもっている人が多いのではないだろうか。本章では，学校と地域社会の関係に注目し，両者の関係を理解するために，戦後日本で展開された「コミュニティ・スクール構想」，保護者が中心となって運営されるPTA，近年活動が活発な父親（おやじ）の会，住民による学校応援団である学校支援地域本部を取り上げ，その概要を紹介する。

　さらに，ESD（Education for Sustainable Development：持続可能な開発のための教育）を実践するために，学校支援地域本部を活用した実践事例を紹介する。この実践事例を通して，児童にとって実りのあるESDを可能にする地域住民の存在と役割，教師が配慮すべき事柄などについて考えてみよう。

7-1　地域コミュニティと学校

（1）学校と地域社会をつなげる考え方—地域社会・コミュニティとは何か—

　「持続可能な地域社会における学校」と題した本章の内容に入る前に，まず，私たちが日常的に使用する用語，「地域社会」を確認しておこう。

　地域社会という用語について，読者が真っ先にイメージするのは，学校区（小学校区・中学校区）や行政区，もしくは，児童・生徒がかかわっている地域の伝統芸能や祭りなどをはじめとする地域の伝統文化が波及する範囲や，近隣に住まう人々によって構成される町会・町内会の域内などであろう。ここにあげたものはどれも地域社会を表すものであるものの，同じ地域のなかでもその

時々の文脈にそくして，地域社会という用語があらわす範囲や内容の様相が異なったものとなる。現代を生きる私たちが地域社会という用語で表現しようとする対象は，必ずしも住民同士の結束力が強固な村落共同体・地域共同体のようなものではなく，居住地のみならず職場や学校を一にする人々の緩やかな結びつきによって構成された集団をさすものとしてとらえられる。

　この地域社会という用語を厳密に考えてみると，コミュニティという類語を看過することができない。そもそもコミュニティという用語は，社会学の領域においては，アメリカの代表的な社会学者の一人であるマッキーヴァーが「一定の地域で営まれている自主的な共同生活としてのコミュニティと，特定の利害関心を追求するための結びつきであるアソシエーションとを対置して捉えたことにより，広く用いられるようになった用語である」という[1]。日本においてコミュニティという用語は，地域共同体の崩壊が叫ばれるようになった高度経済成長期以降，地域に住まう人々の交流や共同の実態のある小規模な地域社会をさす用語として，地域共同体に取って代わり使用されはじめたという経緯がある。

　しかしながら，現在，コミュニティという用語は，必ずしも居住する地域（場所）をあらわすものとは限らない。たとえば，コミュニティ・サイトという用語にみられるように，共通の立場にある人々や関心を抱く人々の集団をコミュニティと呼ぶ場合がある。このような「場所をもたないコミュニティ」との判別を強調する際には，あえて単なる「コミュニティ」と呼ぶのではなく，それに「地域」を加えて「地域コミュニティ」と呼ぶことが多い。つまり，「地域コミュニティ」とは，空間的な広がりを意味する地域のなかに，人々の連帯性や共同性が認められる範囲の域内を表す用語である。したがって，本章では「地域社会」と「地域コミュニティ」という用語を，同義の用語として使用していくこととする。

（2）コミュニティ・スクール「地域社会学校」論の登場

①オルゼンのコミュニティ・スクール論

　学校は当然ながら地域社会のなかに立地しているものの，保護者以外の地域住民にとっては，日常の生活とは疎遠な場という印象があるであろう。このように精神的にかけ離れた2つの場をつなぎ，学校教育活動を地域社会との密接な連携のもとにつくっていこうとする考え方が，日本に入ってきたのは終戦直後である。これは1930年代のアメリカ合衆国で，エドワード・G・オルゼンをはじめとする教育学者が唱えたコミュニティ・スクール論である。彼が著した『学校と地域社会』は，子どもが地域社会における実際の生活とのかかわりから学びを深める「生活中心の学校像＝コミュニティ・スクール像」を提唱したものであり，戦後の日本に大きな波紋を及ぼした。オルゼンはこの著書のなかで地域社会を社会の縮図とみなし，この地域社会における生活，つまり，多様な価値観をもつ人々が市民としての役割を分担しあい，互いの思想を交換しながら調和していこうとする営みに，子どもを積極的に参与させる学校教育像を構想した。この「生活中心の教育」とは，次の5点を展望するものである[2]。このうち次の一～三は，「地域社会を学校のなかに取り入れようとするもの」であり，四・五は「学校を地域社会のなかに取り込もうとするもの」である。

一．学校は，成人教育の中心として働くものでなくてはならぬ。
二．学校は，協定した計画を強化するため，地域社会の諸教材を利用しなくてはならぬ。
三．学校は，その学校の教育課程を，地域社会における生活の成り立ちや過程および諸問題に，その中心を置くものでなくてはならぬ。
四．学校は，地域社会の諸活動に参加することによって，その社会を展望させなくてはならぬ。
五．学校は，地域社会の教育的な努力を組織立てる指導者とならなくてはならぬ。

　なお，彼の提案する「生活中心の学校＝コミュニティ・スクール」論には，「学究的な学校（学問を体系的に習得させる書籍や教材中心の教育）」や，「進

歩的な学校（児童の自由な興味を尊重する教育）」のそれぞれの長所については踏襲されている。

②コミュニティ・スクール構想のために教師に求められる力量

学校と地域社会の連携を密接に築いていこうとする「生活中心の学校＝コミュニティ・スクール」の考え方は，図 7.1「学校と地域社会を結ぶ十の架橋」として，明快に示されている。この考え方は，今日の開かれた学校づくりや学社連携事業を進めるための理論的根拠として援用可能なものであろう。

さらに，オルゼンは，「将来の教師は学校と地域社会とを，互いに協力し，相互奉仕をなす実り豊かな組織となるために取られるいろいろの方法を理解するように激励されなくてはならない[3]」と述べ，教師に求められる具体的な取り組みとして，次の10項目をあげている[4]。

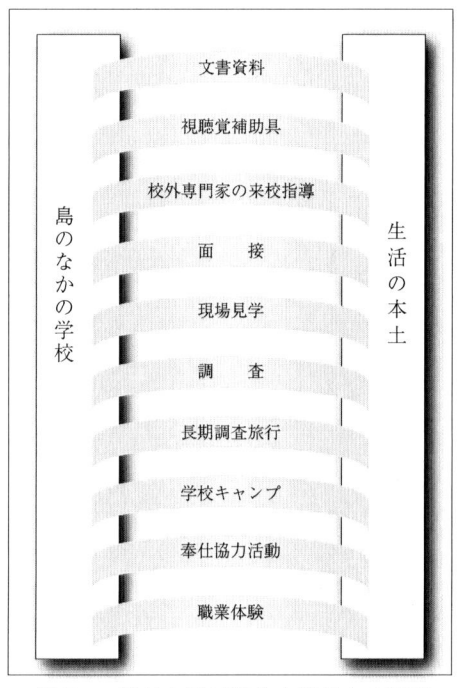

図 7.1 の内容（島のなかの学校 → 生活の本土）：文書資料／視聴覚補助具／校外専門家の来校指導／面接／現場見学／調査／長期調査旅行／学校キャンプ／奉仕協力活動／職業体験

図 7.1 学校と地域社会を結ぶ十の架橋
出所：エドワード・G・オルゼン／宗像誠也・渡辺誠・片山清一訳『学校と地域社会』小学館，1950年を参考に作成

一．学校と地域社会の研究をせよ。
二．さまざまの社会的接触を行え。
三．広い友人づきあいをつくって，共通の関心をもつようにせよ。
四．地域社会の団体とその指導者たちをよく知り，かれらと協力する用意があることを示せ。
五．自分の州やその地方の資料を知れ。
六．地域社会の中で開かれる公の会合に出席せよ。
七．他の人たちと一緒になって，地域社会の要求を研究したり，地域問題

	の解決を図ったりせよ。
八.	科学的思考の技術に通暁せよ。
九.	諸君が教えている年齢グループをくわしく研究せよ。
十.	地域社会の市民権ある住民となれ。

　この10項目を概観すると，教師が地域社会的な能力を高めるためには，まずは勤務する学校周辺の地域社会を理解することが必要不可欠であることがわかる。職務上，転勤を余儀なくされる教師は，勤務する学校周辺の地域社会の歴史や特色について，必ずしも精通しているわけではない。しかしながら，学校周辺の地域の特色や課題を把握し，保護者や住民リーダーをはじめとした地域住民を理解するために，地域の会合やイベントに積極的に参加し，地域の諸課題を住民や福祉団体をはじめとする多様な組織と協力しながら解決していこうとする経験を積むことによって，こうした地域社会と連携するための能力が養われるという。また，とくに三・四にあげられるように，教師は同業者以外の幅広い職業の人々と意識して接するように心がけ，共通の社会的関心を有する異業種の人々との交流を深めることが求められている。こうした指摘は，教師がキャリア教育を進めるうえで必要な力量を養うことにも通じるであろう。五では，現在の状況を鑑みれば，学校教育活動に協力してくれる個人や組織の情報に精通する社会教育部局・社会福祉部局の職員や，地域の諸課題について調査する行政部局の職員や市民組織等の協力を得て，学校教育活動に必要な資料を活用すべきとする姿勢が示されている。八〜十では，学級経営における課題を拾い上げて児童・生徒と客観的かつ建設的に議論する活動を行うことや，担任を受けもつ児童（生徒）理解に努める姿勢，教師自身が社会問題や事件を正しく理解するように努める姿勢など，教師に求められる素養についても言及している。オルゼンは，これら10項目に熱心に取り組むのであれば，実際に当該地域に居住していない教師が，地域社会の「よそ者」ではなく地域社会の「友人」となり，そうなったときに真の青少年の教師となり得ると述べている。

　しかしながら，教師の仕事量は膨大で，しばしば教師の多忙化が問題視される現在では，教師自身のワークライフバランス（私たちの生活は，仕事だけでは

なく，家事や育児を通した家庭生活，近隣づきあいを通じた地域生活なども欠かすことができないものであり，その充実が人生の生きがいや喜びにつながるという仕事と生活との調和を図っていこうとする考え方）の問題と相まって，学校と地域社会との連携を深める必要性は重々理解されていても，こうした10項目をすべて実践することは困難であろう。そこで，教師への負担を考慮しながら，児童・生徒の教育活動を充実させるための事業が，次のとおり行われている。

7-2　地域コミュニティと学校との連携を前提とした取り組み

(1) 学校と地域との連携が進むまで

　上述のようなアメリカのコミュニティ・スクール論は，戦後の日本の教育学界に影響を及ぼしたばかりではなく，いくつかの自治体における実践的な地域教育計画として展開された。たとえば，明石プラン（兵庫県），本郷プラン（広島県），川口プラン（埼玉県）のように，子どもたちが生活する地域社会の実際的な課題や住民ニーズを教育課程にもりこみ，地域社会の発展に資する人材を育てるものである。こうした取り組みは持続可能な地域社会を担う人材を育成する画期的なものであったけれども高度経済成長のための人材を育成する教育とは相容れず，次第に下火となっていき，「学校とは経済発展に寄与する人材を育成するために学力を身に着ける場」というような画一的な学校観が色濃くなっていった。いっぽうでは，地域の学習資源（人材，施設や自然環境など）を積極的に活用する学校や，学校の施設を「学校教育上支障のない限り」において，住民の学習活動や地域防災計画のために開放する学校などもあったが，こうした取り組みを積極的に行う学校は相対的に少なく，学校と地域との連携は現在ほど重視されてこなかった。

　その後，1988（平成元）年に改訂された学習指導要領では「新しい学力観」が提唱され，生活科を新設し，1998（平成10）年の学習指導要領の改訂では「生きる力」を培うために「総合的な学習の時間」を導入した。「総合的な学習の時間」は，児童・生徒が一市民として，現代社会の抱える課題（国際理解，環境，情報，福祉など）の解決に向けて主体的に追究していこうとするもので

あり，子ども中心カリキュラム（教師の目前にいる実際の児童・生徒がかかえる課題や要求することの内容に基づいて編成されるカリキュラム）と，社会中心カリキュラム（実際の地域生活での現実的な課題に基づいたカリキュラム）という両側面をもったものである。こうした「総合的な学習の時間」で扱う学習内容を学校内だけで完結させることはむずかしく，学習内容を深化させようとすると，自ずと地域の学習資源の活用が必要不可欠となる。たとえば，福祉の問題を扱う「総合的な学習の時間」では，地域の福祉団体や施設との連携のもとに行われるのであれば，児童・生徒が福祉施設での体験学習を通じて現実的な課題により迫ることができるであろう。

このように学校教育現場の改変をきっかけに，学校と地域との連携が一気に進み，現在では地域連携を前提としたさまざまな取り組みが展開されている。本章では，こうした取り組みのうち，保護者が中心となって運営されるPTA・父親の会（おやじの会），住民による学校応援団である学校支援地域本部についてとりあげることにしよう。

(2) PTA (Parent-Teacher Association)
① PTAの概要
日本において，戦後から現在まで全国的に浸透している，学校を核とした社会教育関係団体として，PTAの存在を看過できないであろう。なお，社会教育関係団体とは，「法人であると否とを問わず，公の支配に属しない団体で社会教育に関する事業を行うことを主たる目的とするもの」（社会教育法第10条）である。昨今ではPTAをめぐって多様な見解が示されているものの，PTAが戦後から長い間，学校と家庭および地域を結ぶ要としての役割を担ってきたことはいうまでもない。

PTAとは，字義のとおり「親と教師の団体」である。戦後，CIE（連合国総司令部民間情報教育局）の指導のもと，児童・生徒の健全育成や民主主義的な教育の実現を図るために，旧文部省がアメリカ合衆国のPTAをモデルとして，全国の学校に手引書を作成および配布し，日本において各学校単位でPTAの

設置を進めた。1967（昭和42）年に出された社会教育審議会の報告「父母と先生の会のあり方について」によれば，「父母と先生の会（PTA）は，昭和22年から25年頃にかけてほとんど全国の小，中，高等学校において結成され，今日ではわが国でもっとも普及した成人の団体」であった。

　主な活動内容は，学校教育活動への参画（学校支援ボランティア活動），子どもの生活指導，地域における子どもの見守り活動，自主活動（スポーツ・文化活動を通した交流会，バザーなど），広報誌の発行，メディアや教育行政に対する提言，会員のための学習活動などである。

　PTAは学校単位で組織化され，一般的なPTAには運営を行う組織と，実際の活動のための組織がある。まず，運営を行う組織は，議決機関（最高意思決定機関である総会），執行機関（会長，副会長，各学年代表，各地区代表，会計など），監査機関（会計監査）の3つに分かれている。他方，活動のための組織には，各学級PTA，各学年PTA，各地区PTA，各委員会（広報委員会，校外生活指導委員会，成人教育委員会など）がある。さらに，市町村や都道府県単位のPTA協議会や，都道府県もしくは政令指定都市単位のPTA協議会によって構成される日本PTA全国協議会も存在する。

②PTAへの期待

　PTA活動は，本来組織への加入は任意であるが，実際には保護者はわが子の入学を機に自動的にPTAの構成員になるというのが一般的である。多くの学校では，少子化（児童生徒数の減少）に伴うPTAの規模の縮小のために，PTA役員や委員のなり手がなかなかいないという事態，有職者の保護者にとっては活動に参加しにくい状況，会費収入減による活動運営費の逼迫した状況などの課題が横たわっている。こうした背景のもと，PTA活動の停滞や形骸化が問題視され，PTA不要論までもがささやかれている。

　しかしながら，改正教育基本法第13条「学校，家庭，地域住民等の相互の連携協力」の実現化を図っていくうえで，現在もなおPTAが重要な役割を担っているといえる。なぜならば，児童・生徒の保護者は学校・家庭・地域のそれぞれに属する住民であるため，積極的に三者間の回路を敷いていくよう努

めることで，三者間の連携体制の構築が進むからである。たとえば，PTAが地域の青少年健全育成団体や町内会の構成員，民生委員・児童委員，社会教育委員など，地域の子どもを見守るさまざまな大人と協力していくことで，地域のなかに重層的なネットワークが張り巡らされていくであろう。こうしたPTAの有する特長を発揮していくために，日本の学校において戦後約70年の活動実績を積み重ねてきたPTAが，現在かかえる活動の問題点を見直し，運営方法の刷新を図っていくことが求められている。

(3) 父親の会・おやじの会

　父親（おやじ）の会とは，育児に積極的に参画していこうとする父親（イクメン）の有志によって，全国的に保育園や学校単位で自発的に結成される組織である。既存のPTAとは一線を画した独自の活動を行う父親（おやじ）の会では，多岐にわたる活動が展開されている。たとえば，野外活動やスポーツ活動などのイベント（キャンプ，野外炊飯，川遊び，スキー，餅つき大会，絵本の読み聞かせなど）の企画および実施，学校行事やPTA活動への参加・協力（運動会での屋台の出店，テントの設置，舞台発表出演など），学校教育施設の整備（学校自然観察園や飼育小屋の建設，校舎の塗装など）がある。実際の父親（おやじ）の会の活動の多くは，既存のPTA活動の型にはまることのない自由な発想のもとに行われている。

　父親（おやじ）の会の構成員は，育児にかかわる年齢層の者であるから，その大半が生産年齢者層（有職者）である。従来，生産年齢者層のなかでもとくに男性は，地域とのかかわりが希薄であり，職場以外の人間との交流を図る機会をあまり有していない傾向にあった。こうした父親たちにとって，父親（おやじ）の会の活動は，育児への積極的な参画を媒介とした異業者間交流の場でもあり，地域生活の充実化を図る場にもなっている。こうした父親による積極的な育児参画や地域社会への参加は，単に父親自身のワークライフバランスを図るという側面ばかりでなく，地域の住民間ネットワークを強化するための貴重な機会となっている。

（4）学校支援地域本部

　学校支援地域本部とは，学校・家庭・地域住民が一体となって，地域の教育力を向上させるために，文部科学省が「社会総がかりの国民運動」として展開することを期待してスタートした学校支援活動である。本来，子どもは社会総がかりで育まれることが当然なのであるが，2006（平成18）年には，三位一体の改革に伴う義務教育費の国庫負担率が2分の1から3分の1に変更されたことに加え，地域の教育力が近年の社会構造の変化に伴って弱体化しているのが実情である。こうした社会背景のもと，2006（平成18）年12月，改正教育基本法第13条で「学校，家庭及び地域住民等の相互連携協力」の重要性が規定されたことを受け，地域ぐるみで子どもの教育を支援する「学校の応援団」として，本事業が実施された。主な活動内容は，授業内・授業外の学習支援，部活動支援，校内の環境整備，通学路における安全指導や挨拶指導，学校行事への支援などである。

　本事業は，2008（平成20）年から3年間実施され，最終実施年度の2010（平成22）年度には，全国1005市町村において2540本部が設置され，3年間の合計では5939小学校，2620中学校に設置された。現在，国の事業としての学校地域本部設置事業は3年間で終了したものの，各地で活動が軌道に乗ってきたことをうけ，現在では「家庭・学校・地域の連携協力推進事業」として国が各都道府県の取り組みを支援している（国庫補助率は3分の1）。

　学校支援地域本部は，「地域教育協議会」「地域コーディネーター」「学校支援ボランティア」の3つの主体がそれぞれの役割分担のもとに，円滑な学校と地域との連携が行われるように設計されている。「地域教育協議会」とは，学校の代表者（たとえば，校長や教職員，PTA関係者）や地域の代表者（たとえば，地域コーディネーター，公民館長や博物館学芸員などの社会教育関係者，町内会・自治会の関係者など）によって，地域の実情にそくした活動方針を企画・立案する組織である。「地域コーディネーター」とは，学校支援ボランティアとの連絡および調整役を担うことより，本事業のキーパーソンともいうべき存在である。実際，学校や地域の実情に精通する当該学校の元PTA役員，社会教育

委員，民生委員などが，「地域コーディネーター」を務めている事例が多い。「学校支援ボランティア」とは，授業内・授業外にかかわらず多面的な学校教育活動の支援を行う人々である。

　本事業の活動の拠点は，たとえば，余裕教室（ゆとり教室）や近隣の公民館の一室などであり，当該地域や学校の状況に応じた場所に設置されている。本事業の行政担当部局が学校教育部局ではなく，社会教育（生涯学習）部局であることからも，本事業は当初から学校教育と社会教育の連携を前提として実施されたものであり，社会教育主事が学校や「地域コーディネーター」に対して助言を行う役割が期待されている。

　以上のような学校支援地域本部事業の意義として，「教師が本来の教育活動に専念できる環境づくり」「地域のおとなが児童生徒と向き合う機会や時間の増大」「ボランティアを行う人々が生涯学習活動の成果を社会還元する場の設定」の3点をあげることができる。

7-3　地域が支えるESDの実践

（1）ESD・ユネスコスクールとは何か

　① ESD（Education for Sustainable Development）とは

　ESDとは，日本語では「持続可能な開発のための教育」という。

　そもそも「持続可能な開発」とは，「環境と開発に関する世界委員会」（委員長は当時ノルウェー首相のブルントラントであったことより，彼女の名前を称して別名「ブルントラント委員会」とも呼ばれる）が，1987年に国連のレポートとして公表した「地球の未来を守るために（Our Common Future＝われら共有の未来）」のなかで提唱した画期的な考え方である。その意味は，「将来の世代の欲求を満たしつつ，現在の世代の欲求も満足させるような開発」である。この考え方は，経済成長と環境保全の問題を相反するものとしてとらえるのではなく，両者を同一のレールの上で論じるものであり，両者の調和をめざした勧告としてとらえることができる。実際には，この「地球の未来を守るために（Our Common Future）」が公表された5年後の1992年にはブラジルのリオデジャネ

イロで「地球サミット」は開催され，さらにその5年後の1997年には，京都で開催された第3回気候変動枠組み条約締約国会議で，多くの国々が「京都議定書」（温室効果ガス排出量について，法的拘束力のある数値目標を各国毎に設定したものであり，途上国に対しては数値目標の義務は課さない）にサインしたものの，アメリカが離脱し，中国をはじめとする国々が自分たちは途上国の部類に属すると主張したため，事実上，世界規模で地球温暖化を阻止する取り組みには残念ながら発展しなかった。しかしながら，地球規模で取り組む必要のあるこうした問題については，各国および各人が当事者意識をもつことが大切であり，着実に足元から行動できる担い手を育成することが喫緊の課題となる。そこで，2002年の国連総会において，2005～2014年までの10年間を「持続可能な発展のための教育の10年（Decade for Education for Sustainable Development：DESD)」とすることが，日本の提案によって決議され，ユネスコ（国際連合教育科学文化機関）がその推進機関に指名された。

　この「持続可能な開発のための教育」とは，端的には経済成長と環境保全の調和を図りつつ，私たちの子孫の世代になっても，快適な地球環境を保持していくため，現在の地球環境に横たわるさまざまな課題の解決を果敢に解決していこうとする意欲や態度を育て，そのための知識や行動についての学びを意味する（図7.2を参照）。

　2013年11月の第37回ユネスコ総会において，DESD以降の取り組みを引き継ぐ「ESDに関するグローバル・アクション・プログラム（GAP）」が採択された。このGAPの特色の一つは，課題解決に向けた行動を促すための参加型学習の手法を重視している点にある。

　②ユネスコスクールとは

　ユネスコスクールは，1953年，ASPnet（Associated Schools Project Network）として，ユネスコの掲げる理念を学校教育の場で実践し，その実験的な実践を比較研究するとともに，次代を担う人材を育成するために発足した。世界181カ国で約1万校が，日本国内では，913校の幼稚園，小学校，中学校，高等学校および教員養成系大学がASPnetに加盟している（2015年4月現在）。

```
            環境教育
  エネルギー           世界遺産や
    教育             地域の文化財等
                    に関する教育
       ESDの基本的な考え方
        持続可能な発展のための
          知識，価値観，行動等

   国際理解           その他
    教育            関連する
                    教育
```

図7.2　ESDの概念図

出所：文部科学省サイト http://manabi-mirai.mext.go.jp/headquarters.html より作成

　ユネスコスクールの教育実践では，1996年にユネスコ21世紀教育国際委員会が刊行した報告書「学習：秘められた宝」において提言された4つの柱を重視している。この4つの柱とは，個人の一生涯にわたる発達，ひいては人類の発展のための学習の意味を，「知ることを学ぶ（learning to know）」「為すことを学ぶ（learning to do）」「ともに生きることを学ぶ（learning to live together）」「人間として生きることを学ぶ（learning to be）」としてとらえる考え方である。とくに，ESDの観点からは，3つ目の柱として提案された「ともに生きることを学ぶ（learning to live together）」について，世界中の人々を地球市民（国家の枠組みにとらわれず，地球を構成する同胞）ととらえたうえで，現況の自然環境を最適な状態で次代を担う世界の子どもたちに残していくことや，世界中の人々と平和的に共生することを目的として行われる，人権・異文化理解と人間関係にふれる教育内容として，注目される。

（2）学校支援地域本部を活用したESDの実践事例
　① 多摩市立連光寺小学校の実践事例の概要
　ここでは，東京都多摩市の教育連携支援事業（本章2節で取り上げた学校支援地域本部事業）の事例として，多摩市立連光寺小学校が実践するESDの取り組

みについて紹介しよう。

多摩市の教育連携支援事業とは，学校が求める教育活動に対して，「教育連携コーディネーター」が地域の学校支援ボランティア（団体や個人）に働きかけ，教師の力だけではなかなか実践することのできない多様な体験学習活動を提案し，それを学校支援ボランティアとともに実際にサポートする取り組みである。この教育連携コーディネーター（地域コーディネーター）とは，学校長の推薦により選ばれた地域住民で，教育長が任命する者である。

いっぽう，多摩市教育委員会は「2050年の大人づくり」という観点から，ESDに熱心に取り組む自治体の1つであり，現在では多摩市内のすべての公立小中学校が，ESDの推進拠点であるユネスコスクールの承認を受けている。ここで取り上げる多摩市立連光寺小学校も，ユネスコスクールとして，教育連携支援事業を活用しながら，次代を担う児童を育てるべく，学校をあげてESDに取り組んでいる。

多摩市立連光寺小学校は，都心へのアクセスに便利な場所にありながら，校舎の脇には川が流れ，都立桜ヶ丘公園が隣接し，近隣には林野庁の自然保護施設があるために，森林や川を素材とした学習を行うには最適な環境に立地する。こうした恵まれた環境にある連光寺小学校では，「総合的な学習の時間」が教育課程に導入された当初から，地域住民や林野庁の職員などが学校に積極的に協力して，児童の自然体験活動が行われている。現在では，児童の一人ひとりがグローバルな視野をもって地球の環境や資源をいかに守っていくべきかを主体的に考えられるようにするため，1年間を通じて学校教育課程全体にESDの要素を取り入れた教育活動を展開している。

具体的には，図7.3に掲載したような学年ごとに作成されたESDカレンダーにそって，学校独自の4つの観点（人；人権・福祉，自然；生物多様性・生態系・リサイクル・ごみ・エネルギー，社会；歴史・伝統文化・国際理解，食育）から，各教科，道徳の時間，特別活動，総合的な学習の時間を通して，児童に身につけさせたい力・態度（たとえば，第4学年の場合は，①多摩川について自分なりの興味・関心をもつ，②多摩川の自然や生き物のつながりについて調べ，自

分なりに多摩川をとらえる，③調べて考えたことを自分の言葉で表現する）を育む教育活動が展開されている。

図7.4は，「総合的な学習の時間・第4学年」の年間指導計画である。ESDカレンダーやこの指導計画表は，主に教師の学年集団が作成し，教育連携コーディネーターが協力要請をした学校支援ボランティアのサポートを得ながら，こうした学習計画が進められている。

② 実りのあるESDを可能にする学校支援ボランティア

連光寺小学校では，4年生が図7.4に掲載した計画表に則って，校舎の近くを流れる川についての学習を独自の手法で1年間を通じて行う。児童は登下校の際に必ず目にする川の流れ，川の匂い，せせらぎの音など，日常的に校舎の近くを流れる多摩川に慣れ親しんでいる。4年生ではこの多摩川を素材として，さまざまな角度から川について調査および探究し，最終的には，児童がこの探究活動から得た知見を自分の言葉で他者に伝え，川をはじめとする自然への感謝を涵養する。

具体的には，新学期が始まって早々に，多摩川のわき水の流れを発見するところから学習がスタートし，やがては川岸から行う学習だけではなく，ボートに乗って中洲から川の流れや生物を観察したり，ライフジャケットを着用して実際に川に入って川の流れや匂いを学んだりするなど，ユニークな手法がとられている。

こうした体験活動は，いくら児童の学びの効果を期待できる内容であったとしても，まずは児童の安全管理を万全に行うことが先決であり，それは教師の力だけではむずかしい。そこで，教育連携コーディネーター（地域コーディネーター）がつなぐ学校支援ボランティアが，児童の安全な学習環境づくりに貢献している。たとえば，この川での体験活動において，学校支援ボランティアは実際の体験活動の時間帯だけではなく，その体験活動が実施される早朝の川の状態を実際に見に行き，水量や川の流れから実施可能かどうかを調査し，その結果を受けて最終的には校長が判断する。実施する場合には，多くのボランティアが参加したうえで，十全な安全対策のもとに履行される。この場合，

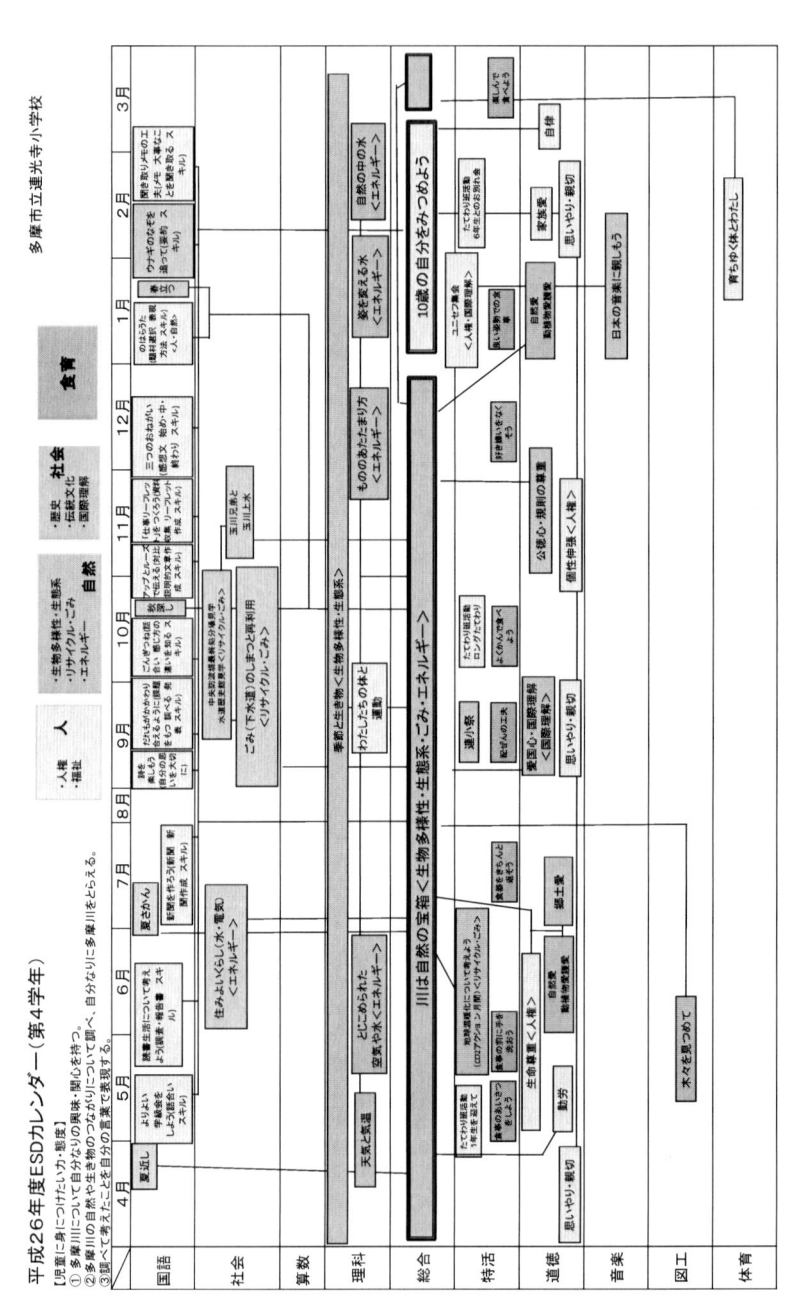

図7.3 第4学年ESDカレンダー

出所：東京都多摩市立連光寺小学校作成

多摩市立連光寺小学校
総合的な学習の時間 第4学年 指導計画

| 4月 | 5月 | 6月 | 7月 | 8月 | 9月 | 10月 | 11月 | 12月 | 1月 | 2月 | 3月 |

単元名「川は連光寺の宝箱」(22時間)

【ねらい】
・多摩川での様々な体験活動を通して、豊かな自然に肌で感じ、興味・関心を深める。

【であう】
○みんなと出かけてみよう
・学校の付近近くを歩き湧水を発見し、多摩川中流域の交通公園付近の河原に流れがたどりついていることに気付く。
○実際に多摩川を調べよう
・ボートに乗り、中州や河川の様子を知る。
・川の中の様子を肌で感じ取る。
・川辺の生物や質から河原の様子を知る。

【つかむ】
○1学期の活動をもとに、多摩川について調べたいことを決めよう。
・多摩川についてイメージをふくらませる。
・何を調べたいかを決め、調査方法を考える。
・調べる活動に向けて準備する。
・これまでの活動を振り返り、課題を明確にする。

【追究する】
○課題別に調査をしよう

【まとめる】
○多摩川での活動を相手に分かりやすく発表しよう
○多摩川の発表会をしよう

単元名「川は自然の宝箱」(25時間)

・自分なりの課題意識をもち、調べ方を考え調査活動を行う。

単元名「十歳の自分を見つめよう」(14時間)

【ねらい】
・今までの自分を振り返り、感謝の気持ちを伝える。

【であう】
○成人式の意味を知ろう
○10歳の自分をみつめ、これからの自分をどのようにするか意欲をもつ。

【つかむ】
○お祝いの会の計画を立てよう
・どのような活動ができるかを考える。

【追究する】
○感謝の気持ちを伝えるために何ができるのかを考える。

【まとめる】
○感謝の気持ちを伝え、お祝いの会を開こう
・お家の人に感謝の気持ちを伝え、今までの自分の成長を喜び合う。

単元名「川は自然の宝箱」(3時間)

・今までの自分を振り返り、感謝の気持ちを伝える。

○飼っていた魚等を多摩川に返そう
○対象の多摩川に返す。

【協力・指導者】
○保護者
○本校教職員・ビデオティーチャー

【協力・指導者】
○多摩市水辺の楽校
○都立技術研究所
○自然観察指導員
○あばれんぼキャンプ
○地域の専門家の方々
○地域の野鳥愛好家

【年間を通した取組のテーマ】
「地域の人・自然・社会とかかわる学び」
友達と協力し、めあてをもって自分の役割を果たしながら活動する。
活動を振り返り、まとめる。

たてわり班活動(6時間)

図7.4 総合的な学習の時間—第4学年 指導計画表

出所：図7.3と同じ

児童の安全管理を担う学校支援ボランティアの多くは，主にかつてはさまざまな職業に従事していたリタイア後の地域住民である。こうした体験学習は，児童にとって，ESDに関する学習を深められるとともに，児童のなかで多くの地域の大人たちに支えられた経験の蓄積となり，地域の川や森といった自然環境だけではなく，地域の「人」への感謝の気持ちとして育っている。

③ 実りのあるESDを可能にする教師の研修と工夫

年間を通したESDの活動は，1学期に行われるこうした体験活動の事後学習の時間に，児童がこうした体験活動から得た疑問や感想を教師が吸い上げて，多摩川について調べたいことを児童が自主的に設定したうえで，本格的な探究活動が始められる。あくまでも，体験活動から得た児童の感想や意見を尊重する手法である。たとえば，川に入ってみて異臭を感じる者もいれば，豊かな自然の恩恵を感じる者，自然の脅威を感じる者など，児童の感じ方はさまざまである。こうした個々の児童の率直な感想を，その後の探究活動につなげるのは，教師の重要な役割である。

連光寺小学校では，このような児童の自然発生的に湧き起こる問いを尊重しながら進めるESDの教育方針について，校内研究や教員研修の場で全教員に共通理解を図っている。教員研修は，児童が大人になったときにどのような行動をとるのかを教師が絶えず念頭に置き，ESDの取り組みでは大人から子どもに対して一方向的に行われる知識や考え方の伝達としてはならないことを，絶えず確認する場であるともいえる。多摩市では，教師を対象としたESD研修会を定期的に開催しており，ESDの分掌にある教師が参加し，そこで学んだことを各校の校内研究会の場で全教員に伝達したり，ユネスコの職員を学校に招いて行ったりする研修などを開催している。

こうしたESDの教育方針は，体験活動をサポートする学校支援ボランティアにも，担当の教師がしっかりと伝達することが必要である。とくに，学校支援ボランティアとして授業の講師を勤める専門家に対して，一方向的な知識や情報の伝達を行う授業とならないよう，学校（学級）としての取り組みの意図を明確に伝え，実際の専門家による授業では，児童と一緒に問いを立ててみた

り考えたりする授業をつくるように側面からサポートしようとする配慮が，教師には求められる。

　こうした学校支援ボランティアが支える ESD の取り組みを体験した児童は，具体的な体験活動から得られた知識のほかに，多くの付加的な学びを得ている。たとえば，やんちゃだった児童がこの体験学習を経たあとは，川の前でふざけることは命の危険性を伴うことであることを理解し，ひいてはそれが社会のルールを遵守する態度が培われる素養となったり，グループ活動では仲間と協力し，さらには学校支援ボランティアの力を借りないと探究活動が進まないので，他者と団結することの必要性を学んだり，多くの地域の大人と直接触れ合うことで，大人たちのたずさわる職業について児童が理解することはキャリア教育にもつながっている。そして，何よりも多くの地域の大人が自分たちを支え育ててくれたという実体験は，児童にとって一生の大きな財産となるであろう。

▎読者のための参考文献
・佐藤晴雄『学校を変える地域が変わる』教育出版，2002 年
・柴田彩千子『地域の教育力を育てる』学文社，2014 年
・住田正樹編著『子どもと地域社会』学文社，2010 年
・高橋興『学校支援地域本部をつくる』ぎょうせい，2011 年

＊本章 2 節は拙著『地域の教育力を育てる』第 I 部第 2 章を加除修正したものである。
＊本章 3 節（2）をまとめるに際し，多摩市立連光寺小学校長の阿閉暢子先生には貴重な情報とご意見をいただきました。この場を借りまして，心より御礼申し上げます。

注
1）　園田恭一「コミュニティ」森岡清美他編『新社会学辞典』有斐閣，1993 年，478 頁。
2）　エドワード・G・オルゼン／宗像誠也・渡辺誠・片山清一訳『学校と地域社会』小学館，1950 年，26-27 頁（一部，原文の改変を行った）。
3）　同上，25 頁。
4）　同上，526-528 頁。

おわりに——学校と教師の未来に向けて

　本書では，これからの学校教育を持続可能な未来を展望するための視点を提起してきた。本書を締めくくるにあたり，持続可能な未来のための教職論として，この先，さらに課題となりそうなことについていくつかふれておきたい。

（1）教師の「生きる力」とは何か
　学生に対して，「なぜ教師になりたいのですか」と志望動機を尋ねると，「子どもが好きだから」「教科のおもしろさを伝えたい」「お世話になった先生のようになりたい」などの答えが返ってくることが多い。どれも，大切な理由にちがいないが，では「教師になったら，何をしたいのですか」と問われたら，皆さんは何と答えるのだろうか。人によって多様かと思うが，これからの教師は，それを社会や世界との結びつきのなかで答えられなければならないと考える。
　それは，グローバル化，情報化，技術革新といった変化のなかで，「学校」のとらえ方が，従来とは異なってくることが予想されるからだ。2015年，中央教育審議会の教育課程企画特別部会は，次期教育課程の基準に関して論点を整理し，今後の時代には「社会に開かれた教育課程」が求められるとした。そこでは，学校が子どもと教職員，保護者，地域の人々で構成される「1つの社会」であり，多様な人々とのかかわりながら学び，その学びを通じて自分の存在が認められること，地域社会をよりよくする実感をもつこと，その積み重ねによって「地球規模の問題や持続可能な社会づくりを担っていこうとする意欲」を育成する場であると，述べられている。2030年に，このような学校が一般的になっているとしたら，そこで働く教師も自らを社会に開いていくことが強く求められることになるのだ。
　その意味で，皆さんが「教師になったら何をしたいか」を展望するときに，

今もっている動機を思いきり広げて，自分が子どもと追い求められる大きな「夢」をもっていてほしい。たとえば，「アジア諸国の学校と協働しながら，環境と開発の問題を解決するために行動できる生徒を育てたい」「生徒が収穫した農産物を販売して，地域の新しい産業を創り出したい」「パラリンピック出場者をゲストに招いて，共生について議論する授業を創りたい」など，漠然とでもいいから夢をもつことによって，「社会に自らを開く教師」でありつづけていってほしい。それが，教師として「生きる力」になるはずだ。

（2）教育政策とどう向き合うか

　前節で述べたような教師になるには，まずは授業にかかわる不断の「研究」と「実践」が必要である。教師となった初年度は，翌日の授業準備に追われ，うまく教えられない悔しさを痛感する日々が続くことだろう。教師という職業は，授業の技量を一生かかって高めていくという意味で，職人や伝統芸能の世界と大変よく似ている。

　しかし，それらの職業とちがうのが，教師は国の教育政策との関係を考えながら資質と能力を身につけていかなければならないという点である。日本の学校は，地方分権が進んだとはいえ，教育政策の側面からみれば文部科学省と教育委員会という縦の系列に，教育内容の側面からみれば学習指導要領の枠組みのなかに，それぞれ組み込まれている。このような中央集権的な体制は東アジア諸国の特徴といえるが，欧米諸国では教師の自由裁量が大きく，授業の内容に関しても個人の工夫が大幅に認められている。世界の教育の視点からみれば，限定された条件のなかで教師の資質・能力を向上させていかなければならないという点は自覚しておく必要がある。それらは，自分の夢を実現していくときに障害となる可能性もあるが，逆に夢を信念に鍛え直す場として恰好の条件になり得るかもしれない。

　日本の学校教育には，「教育実践」という言葉がある。それは，学級経営や研究授業ともちがう，日本独特の用語といえる。強いていえば「社会がかかえる困難な現実的課題を，教師の意識的な学習指導・生活指導によって改革して

いく教育活動の総体」と定義することができるだろうか。教室のなかには，この現実的課題が否応なく入り込んでくる。たとえば，企業の労働時間の長さは家庭での親子のふれあいの時間を奪い，スマホの普及が人間関係づくりの困難さにつながり，経済的に苦しい母子家庭の子どもが進路変更を迫られること，一方でこのような現実とはまるで無関係に推進される教育政策の数々，部活が終わった職員室で一人書かなければいけない書類の山，繰り返し面談をして理解を求めても過度な要求を続ける保護者など，教師の日々の授業は，このような現実のなかで鍛えられ，その過程で本物の「教育実践」を産み出すことができるのである。

　教育実践を誠実に積み重ねていくには，2つのポイントがある。1つは，学習指導要領を「相対化」する，ということである。学習指導要領は，法的には学校教育の大綱であるが，どのような教育実践を創り出すかは各学校と教師の裁量に委ねられている。「相対化」とは，学習指導要領に記載された教育事項に距離をおき，批判的にとらえたうえで，教師が子どもの実態と自分の夢をふまえた授業をしたたかに現実化していくことである。もう1つは，教師自身の学びの世界を広げ楽しむことである。前節で述べたように，これからの教育は多様な立場の人々とつながり，多様な声を教室で交流させることで，授業が活性化していく時代に入っていくだろう。そのときに，教師が多様な人と声を，自分の世界を広げるものとして楽しめる感性をもっているかどうかが大切である。一見すると学習指導要領の「相対化」はむずかしいことのように思えるかもしれないが，教育の世界の知識や常識に寄りかからず，それ以外の世界の知恵や技（わざ）からしなやかに学びとることによって，軽々と楽しく乗り越えていけるものなのである。

（3）**教師のための研究過程論—教師にとっての研究の必要性，研究課題，評価体系—**
　皆さんは研究活動というとどのような光景を思い浮かべるだろうか。実験室のなかで白衣を着た人が顕微鏡をのぞいている姿だろうか。あるいはアンケートなどで社会現象に関するデータを集めることだろうか。あるいはパソコンに

向き合いながら統計的な解析を行うことだろうか。これらの観測，測定，調査，計算などはいずれも研究活動の一部ではあるが，これらの作業から得られた結果を解析し，そこからなんらかの結論を導き出すこと，さらにそれより前の作業として，そもそも何を明らかにするのかという問いをたて，その問いを明らかにするために，先行研究の到達点を確認したうえで，どのような現象を観測し，どんな量を測定するか，どういう項目でアンケート調査を行うのかを考え，計画をたてることも重要な研究活動といえる。

　では，教師にとって研究とは何だろうか。結論を先にいえば，「持続可能な未来のための教育」にたずさわる教師には，教育実践と並行して継続的な研究活動を行うこと（＝研究者であること）をめざしてほしい（「研究も実践の一部だ」という意見があるかもしれないが，ここではひとまず両者を分けて考えることにしよう）。なぜ教師が研究者であることをめざすのか？　それは，今日の教師教育改革の流れが「高度化」と「専門職化」に向かっていることと関連している。今日，教師教育の改革は世界のほぼすべての国で教育改革の中心に位置しているが，そのなかで専門職としての教師のイメージの1つは「反省的教師（reflective teacher）」である。近代の専門家養成が「科学技術の合理的適用」を掲げる「技術的熟達者から技術的未熟者への技術の伝達」であったのに対し，今日の専門家（専門職）養成では，「科学技術の合理的適用」だけでは解決しえないより複雑な現場の問題に対し，複合的で総合的な視野にたって「行為のなかの省察」の原理で実践を遂行する，思慮深い専門家を養成しようとしている。この観点から，教師の実践は，理論と実践を統合する専門家教育の中心的な過程と位置づけられる。かつては教員免許取得前に行われる教育実習が，専門家としての教師教育のなかでの実践的教育の中心に位置づけられていたが，上記の構想からみれば，学部段階で行う教育実習はその入り口にすぎず，現職教師としての着任後の日々の実践こそが，OJT（On the Job Training）を通して教師教育の「高度化」と「専門職化」を裏づけているといえる。現場の実践者である教師が，自らの行為を省察的実践として遂行し，それを通して専門的な知識と能力を獲得しようとしたとき，教師にとっての研究の必要性が生まれる。

研究活動はまず課題の設定から始まる。では，教師にとって研究課題とはなんだろうか？　教師であれば誰もが望むことは，自らの仕事が子ども（生徒）の幸福につながり，社会の発展に貢献することである。そのために自らの仕事をどう改善していけばよいか。これが教師にとって最大の課題なのだが，研究活動の公的性格を考えると「自らの」というだけではなく，その部分を「教師の」と置き換えて考えたほうがよいだろう。研究活動は一人の人間の内面で起きる極めて個人的な活動であると同時に，社会がその発展の後押しをしているきわめて公共的な活動でもある。自分のためだけに行う研究でも一定の成果は得られるかもしれないが，その成果に対する周囲からの評価は限定的なものにならざるをえないだろう。教師にとっての研究課題は第一に「教師の仕事の改善」（それは結果として「自分の仕事の改善」も含むものとなろう）であり，そのなかで個別具体的な研究課題が設定されるといえる。

　教師にとっての研究課題が「教師の仕事の改善」であることは，研究課題の設定に続いて検討すべき研究方法にも特徴的な影響を与える。ここでは個々の研究方法の話とは別に，教師の研究の評価体系についてふれておきたい。研究には，その研究活動と成果を評価する評価体系がそれぞれ存在する。この世界の全ての研究分野の総称を仮に総合科学と呼ぶとしたら，それぞれの個別の研究分野の評価基盤となるのは個別科学である。たとえば，応用科学においては「有用性」，基礎科学においては「真理性」，社会科学においては「妥当性」といったように，扱う分野によって評価体系は異なってくる（朝岡幸彦，2005）。このうち，「教師の仕事の改善」という研究課題において必然的に第一に重要視される評価体系は「有用性」であろう。しかし，「有用性」を評価体系として用いる場合，注意しなければならないことがある。それは「有用性」という評価体系には，必ずその前提となる価値観が存在しているということである。「何が有用か」というその価値観が変わると，そもそもの前提が崩れてしまう。具体的なわかりやすい例としては，教育政策があげられよう。ある時代のある政府が推進する教育政策（それが教育の歴史をふまえ十分に自制されたものであればまだよいが，そうでない場合はとりわけ注意が必要）に基づき「有用」と判断

された実践やその裏づけとなった研究は，その政権が変わる（あるいは政府が方針を変える）ことでその評価の根拠を失ってしまう（日本で終戦直後，あるいは福島第一原発事故のあとになされた墨塗り（教科書や副読本の回収）は典型的な事例）。そうならないためには，「有用性」を評価体系としつつも，絶えずその前提となっている価値観についての「真理性」「妥当性」についても考慮しておかなければならないであろう。

　以上，「教師の生きる力」「教師としての教育政策論」「教師のための研究過程論」の３点に絞って学校と教師の未来を展望した。本書は，大学で教員職員免許状を取得しようとする学生の皆さんを読者として想定したものだが，今日の教師の直面する諸課題への解決や取り組みの方向性を示すという点で現職の教員の皆さんにも手にとっていただけるものでありたいと考えている。学校現場が今日おかれている切実な状況は，ともすると教員をめざす学生，あるいは若手教員たちに未来への夢や確かな見通しへの不透明感を感じさせてしまうものかもしれない。しかし，未来を明るいものとするか，暗いものとするかは，一重に今を生きる私たち，そして皆さんの意思と努力，そして志をともにする仲間たちとの協働の成否にかかっている。本書が「持続可能な未来のための教育」という学校と教師の未来の実現に向け，確かな一歩を踏み出すための契機となることを願うものである。

読者のための参考文献

- ドナルト.ショーン／佐藤学・秋田喜代美訳『専門家の知恵―反省的実践家は行為しながら考える』ゆみる出版，2001 年
- 田中一『研究過程論』北海道大学図書刊行会，1995 年
- 佐藤学『専門家として教師を育てる』岩波書店，2015 年
- 降旗信一・高橋正弘編著『現代環境教育入門』筑波書房，2009 年
- 朝岡幸彦編著『新しい環境教育の実践』高文堂出版社，2005 年

関連資料

A．ESD 関係資料（ユネスコ国内委員会）

I．ESD（Education for Sustainable Development）とは？

ESD は Education for Sustainable Development の略で「持続可能な開発のための教育」と訳されている。

今，世界には環境，貧困，人権，平和，開発といったさまざまな問題がある。ESD とは，これらの現代社会の課題を自らの問題としてとらえ，身近なところから取り組む（think globally, act locally）ことにより，それらの課題の解決につながる新たな価値観や行動を生み出すこと，そしてそれによって持続可能な社会を創造していくことをめざす学習や活動である。

つまり，ESD は持続可能な社会づくりの担い手を育む教育である。

ESD の実施には，とくに次の2つの観点が必要です。
〇人格の発達や，自律心，判断力，責任感などの人間性を育むこと
〇他人との関係性，社会との関係性，自然環境との関係性を認識し，「関わり」，「つながり」を尊重できる個人を育むこと

そのため，環境，平和や人権等の ESD の対象となるさまざまな課題への取組をベースにしつつ，環境，経済，社会，文化の各側面から学際的かつ総合的に取り組むことが重要です。

1．ESD の概念図

関連するさまざまな分野を"持続可能な社会の構築"の観点からつなげ，総合的に取り組むことが必要です。

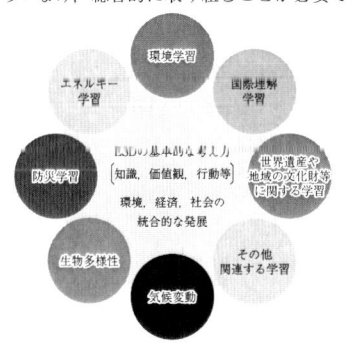

2．ESD でめざすこと

(1) ESD の目標
〇すべての人が質の高い教育の恩恵を享受すること
〇持続可能な開発のために求められる原則，価値観および行動が，あらゆる教育や学びの場に取り込まれること
〇環境，経済，社会の面において持続可能な将来が実現できるような価値観と行動の変革をもたらすこと

(2) 育みたい力
〇持続可能な開発に関する価値観
（人間の尊重，多様性の尊重，非排他性，機会均等，環境の尊重等）
〇体系的な思考力（問題や現象の背景の理解，多面的かつ総合的なものの見方）
〇代替案の思考力（批判力）
〇データや情報の分析能力
〇コミュニケーション能力
〇リーダーシップの向上

(3) 学び方・教え方
〇「関心の喚起 → 理解の深化 → 参加する態度や問題解決能力の育成」を通じて「具体的な行動」を促すという一連の流れの中に位置付けること
〇単に知識の伝達にとどまらず，体験，体感を重視して，探求や実践を重視する参加型アプローチをとること
〇活動の場で学習者の自発的な行動を上手に引き出すこと

(4) わが国が優先的に取り組むべき課題
先進国が取り組むべき環境保全を中心とした課題を入り口として，環境，経済，社会の統合的な発展について取り組みつつ，開発途上国を含む世界規模の持続可能な開発につながる諸課題を視野に入れた取り組みを進めていく。

出所:「我が国における「国連持続可能な開発のための教育の10年」実施計画」

3．ESD に関するグローバル・アクション・プログラム

2013年11月，第37回ユネスコ総会において，「国連ESDの10年」（2005〜2014年）の後継プログラムとして「ESDに関するグローバル・アクション・プログラム（GAP）」が採択された。なお，GAPは，2014年第69回国連総会へ提出される予定である。

持続可能な開発は政治的な合意，金銭的誘因，または

技術的解決策だけでは達成できない。持続可能な開発のためには私たちの思考と行動の変革が必要であり，教育はこの変革を実現する重要な役割を担っている。そのため，さまざまな行動によってESDの可能性を最大限に引き出し，万人に対する持続可能な開発の学習の機会を増やすことが必要である。「ESDに関するグローバル・アクション・プログラム」は，この行動を生み出すためのものであり，本文書はグローバル・アクション・プログラムの枠組みを示すものである。

II．教育振興基本計画におけるESD関連の記述

第2期
　　教育振興基本計画（2013年6月14日閣議決定）

第1部　我が国における今後の教育の全体像
Ⅲ　四つの基本的方向性
（1）社会を生き抜く力の養成
～多様で変化の激しい社会での個人の自立と協働～
（今後の学習の在り方）
○持続可能な社会の構築という見地からは，「関わり」「つながり」を尊重できる個人を育成する「持続可能な開発のための教育（ESD）」の推進が求められており，これは「キー・コンピテンシー」の養成にもつながるものである。
第2部　今後5年間に実施すべき教育上の方策
Ⅰ　四つの基本的方向性に基づく方策
1．社会を生き抜く力の養成
（4）生涯の各段階を通じて推進する取組
基本施策11　現代的・社会的な課題に対応した学習等の推進
【基本的考え方】
○現代的，社会的な課題に対して地球的な視野で考え，自らの問題として捉え，身近なところから取り組み，持続可能な社会づくりの担い手となるよう一人一人を育成する教育（持続可能な開発のための教育：ESD）を推進する。
【主な取組】
11－1　現代的・社会的な課題等に対応した学習の推進
　ユネスコスクールの質量両面における充実等を通じ地球規模での持続可能な社会の構築に向けた教育（持続可能な開発のための教育：ESD）を推進する。

III．学習指導要領におけるESD関連の記述

2008年3月に幼稚園教育要領および小学校・中学校の学習指導要領が，2009年3月には高等学校の学習指導要領が公示された。この新しい学習指導要領等には，持続可能な社会の構築の観点が盛り込まれている。教育基本法とこの新しい学習指導要領等に基づいた教育を実施することによりESDの考え方に沿った教育を行うことができる。

1．小学校
・小学校　総則
　道徳教育は，教育基本法及び学校教育法に定められた教育の根本精神に基づき，人間尊重の精神と生命に対する畏敬の念を家庭，学校，その他社会における具体的な生活の中に生かし，豊かな心を持ち，伝統と文化を尊重し，それらを育んできた我が国と郷土を愛し，個性豊かな文化の創造を図るとともに，公共の精神を尊び，民主的な社会及び国家の発展に努め，他国を尊重し，国際社会の平和と発展や環境の保全に貢献し未来を開く主体性のある日本人を育成するため，その基盤としての道徳性を養うことを目標とする。
・小学校　社会
　社会生活についての理解を図り，我が国の国土と歴史に対する理解と愛情を育て，国際社会に生きる平和で民主的な国家・社会の形成者として必要な公民的資質の基礎を養う。
・小学校　理科
　自然に親しみ，見通しをもって観察，実験などを行い，問題解決の能力と自然を愛する心情を育てるとともに，自然の事物・現象についての実感を伴った理解を図り，科学的な見方や考え方を養う。
・小学校　生活
　具体的な活動や体験を通して，自分と身近な人々，社会及び自然との関わりに関心を持ち，自分自身や自分の生活について考えさせるとともに，その過程において生活上必要な習慣や技能を身に付けさせ，自立への基礎を養う。
・小学校　家庭
　自分の生活と身近な環境との関わりに気付き，物の使い方などを工夫できること。

2．中学校
・中学校　総則
　道徳教育は，教育基本法及び学校教育法に定められた

教育の根本精神に基づき，人間尊重の精神と生命に対する畏敬の念を家庭，学校，その他社会における具体的な生活の中に生かし，豊かな心を持ち，伝統と文化を尊重し，それらを育んできた我が国と郷土を愛し，個性豊かな文化の創造を図るとともに，公共の精神を尊び，民主的な社会及び国家の発展に努め，他国を尊重し，国際社会の平和と発展や環境の保全に貢献し未来を拓く主体性のある日本人を育成するため，その基盤としての道徳性を養うことを目標とする。

・中学校　社会　地理的分野

地域の環境問題や環境保全の取組を中核として，それを産業や地域開発の動向，人々の生活などと関連付け，持続可能な社会の構築のためには地域における環境保全の取組が大切であることなどについて考える。

・中学校　社会　歴史的分野

歴史に見られる国際関係や文化交流のあらましを理解させ，我が国と諸外国の歴史や文化が相互に深く関わっていることを考えさせるとともに，他民族の文化，生活などに関心を持たせ，国際協調の精神を養う。

・中学校　社会　公民的分野

持続可能な社会を形成するという観点から，私たちがより良い社会を築いていくために解決すべき課題を探究させ，自分の考えをまとめさせる。

・中学校　理科　第1分野及び第2分野

自然環境の保全と科学技術の利用の在り方について科学的に考察し，持続可能な社会を作ることが重要であることを認識すること。

・中学校　音楽

音楽の特徴をその背景となる文化・歴史や他の芸術と関連付けて理解して，鑑賞すること。我が国や郷土の伝統音楽及び諸外国の様々な音楽の特徴から音楽の多様性を理解して，鑑賞すること。

・中学校　美術

日本の美術の概括的な変遷や作品の特質を調べたり，それらの作品を鑑賞したりして，日本の美術や伝統と文化に対する理解と愛情を深めるとともに，諸外国の美術や文化との相違と共通性に気付き，それぞれの良さや美しさなどを味わい，美術を通した国際理解を深め，美術文化の継承と創造への関心を高めること。

・中学校　保健体育

文化としてのスポーツの意義について理解できるようにする。

スポーツは，民族や国，人種や性，障害の違いなどを超えて人々を結び付けていること。

・中学校　技術・家庭

・家庭分野

自分や家族の消費生活が環境に与える影響について考え，環境に配慮した消費生活について工夫し，実践できること。

・技術分野

エネルギー変換や生物育成などに関する技術が社会や環境に果たしている役割と影響について理解し，それらの技術の適切な評価・活用について考えること。

・中学校　外国語　英語

外国や我が国の生活や文化についての理解を深めるとともに，言語や文化に対する関心を高め，これらを尊重する態度を育てるのに役立つこと。

広い視野から国際理解を深め，国際社会に生きる日本人としての自覚を高めるとともに，国際協調の精神を養うのに役立つこと。

3．高等学校

・高校　総則

道徳教育は，教育基本法及び学校教育法に定められた教育の根本精神に基づき，人間尊重の精神と生命に対する畏敬の念を家庭，学校，その他社会における具体的な生活の中に生かし，豊かな心を持ち，伝統と文化を尊重し，それらを育んできた我が国と郷土を愛し，個性豊かな文化の創造を図るとともに，公共の精神を尊び，民主的な社会及び国家の発展に努め，他国を尊重し，国際社会の平和と発展や環境の保全に貢献し未来を開く主体性のある日本人を育成するため，その基盤としての道徳性を養うことを目標とする。

・高校　国語　国語総合

［伝統的な言語文化と国語の特質に関する事項］

言語文化の特質や我が国の文化と外国の文化との関係について気付き，伝統的な言語文化への興味・関心を広げること。

・高校　地理歴史　世界史A

現代世界の特質や課題に関する適切な主題を設定させ，歴史的観点から資料を活用して探求し，その成果を論述したり討論したりするなどの活動を通して，世界の人々が協調し共存できる持続可能な社会の実現について展望させる。

・高校　地理歴史　世界史B

地球世界の課題に関する適切な主題を設定させ，歴史的観点から資料を活用して探究し，その成果を論述したり討論したりするなどの活動を通して，資料を活用し表現する技能を習得させるとともに，これからの世界と日本の在り方や世界の人々が協調し共存できる持続可能な

社会の実現について展望させる。
・高校　地理歴史　日本史A
　現代の社会やその諸課題が歴史的に形成されたものであるという観点から，近現代の歴史に関わる身の回りの社会的事象と関連させた適切な主題を設定させ，資料を活用して探究し，その解決に向けた考えを表現する活動を通して，歴史的な見方や考え方を身に付けさせる。
・高校　地理歴史　日本史B
　現代の社会や国民生活の特色について，国際環境と関連付けて考察させ，世界の中での日本の立場について認識させる。
・高校　地理歴史　地理A
　環境，資源・エネルギー，人工，食料及び居住・都市問題を地球的及び地域的視野から捉え，地球的課題は地域を越えた課題であるとともに地域によって現れ方が異なっていることを理解させ，それらの課題の解決には持続可能な社会の実現を目指した各国の取組や国際協力が必要であることについて考察させる。
・高校　地理歴史　地理B
　世界の自然環境，資源，産業，人口，都市・村落，生活文化，民族・宗教に関する諸事象の空間的な規則性，傾向性やそれらの要因などを系統地理的に考察させるとともに，現代世界の諸課題について地球的視野から理解させる。
・高校　公民　現代社会
　持続可能な社会の形成に参画するという観点から課題を探求する活動を通して，現代社会に対する理解を深めさせるとともに，現代に生きる人間としての在り方生き方について考察を深めさせる。
・高校　公民　倫理
　現代に生きる人間の倫理的課題について思索を深めさせ，自己の生き方の確立を促すとともに，よりよい国家・社会を形成し，国際社会に主体的に貢献しようとする人間としての在り方生き方について自覚を深めさせる。
・高校　公民　政治・経済
　政治や経済などに関する基本的な理解を踏まえ，持続可能な社会の形成が求められる現代社会の諸課題を探究する活動を通して，望ましい解決の在り方について考察を深めさせる。
・高校　理科
各科目にわたる指導計画の作成と内容の取扱い
　生命を尊重し，自然環境の保全に寄与する態度の育成を図ること。また，環境問題や科学技術の進歩と人間生活に関わる内容等については，持続可能な社会を作ることの重要性も踏まえながら，科学的な見地から取り扱うこと。

・高校　保健体育　体育
　スポーツを行う際は，スポーツが環境にもたらす影響を考慮し，持続可能な社会の実現に寄与する責任ある行動が求められること。
・高校　保健体育　保健
　社会生活における健康の保持増進には，環境や食品，労働などが深く関わっていることから，環境と健康，環境と食品の保健，労働と健康に関わる活動や対策が重要であることについて理解できるようにする。
・高校　芸術　音楽
　音楽と他の芸術や文化との関わりを理解して鑑賞すること。
・高校　芸術　美術
　時代，民族，風土，宗教などによる表現の相違や共通性などを考察し，美術文化についての理解を一層深めること。
　国際理解に果たす美術の役割について理解すること。
　文化遺産としての美術の特色と文化遺産等を継承し保存することの意義を理解すること。
・高校　芸術　工芸
　時代，民族，風土などによる表現の相違や共通性などを考察し，工芸の伝統と文化についての理解を一層深めること。
　国際理解に果たす工芸の役割について理解すること。
　文化遺産としての工芸の特色と文化遺産等を継承し保存することの意義を理解すること。
・高校　外国語
各科目にわたる指導計画の作成と内容の取扱い
　多様なものの見方や考え方を理解し，公正な判断力を養い豊かな心情を育てるのに役立つこと。
　外国や我が国の生活や文化についての理解を深めるとともに，言語や文化に対する関心を高め，これらを尊重する態度を育てるのに役立つこと。
　広い視野から国際理解を深め，国際社会に生きる日本人としての自覚を高めるとともに，国際協調の精神を養うのに役立つこと。
・高校　家庭
　生活と環境との関わりについて理解させ，持続可能な社会を目指してライフスタイルを工夫し，主体的に行動できるようにする。
　持続可能な社会を目指したライフスタイルの確立。
　安全で安心な生活と消費について考え，生活文化を伝承・創造し，資源や環境に配慮した生活が営めるようにライフスタイルを工夫し，主体的に行動できるようにす

る。

B．教育法関連

I．日本国憲法

日本国憲法（抄）（1946 年 11 月 3 日憲法）

　日本国民は，正当に選挙された国会における代表者を通じて行動し，われらとわれらの子孫のために，諸国民との協和による成果と，わが国全土にわたつて自由のもたらす恵沢を確保し，政府の行為によつて再び戦争の惨禍が起ることのないやうにすることを決意し，ここに主権が国民に存することを宣言し，この憲法を確定する。そもそも国政は，国民の厳粛な信託によるものであつて，その権威は国民に由来し，その権力は国民の代表者がこれを行使し，その福利は国民がこれを享受する。これは人類普遍の原理であり，この憲法は，かかる原理に基くものである。われらは，これに反する一切の憲法，法令及び詔勅を排除する。

　日本国民は，恒久の平和を念願し，人間相互の関係を支配する崇高な理想を深く自覚するのであつて，平和を愛する諸国民の公正と信義に信頼して，われらの安全と生存を保持しようと決意した。われらは，平和を維持し，専制と隷従，圧迫と偏狭を地上から永遠に除去しようと努めてゐる国際社会において，名誉ある地位を占めたいと思ふ。われらは，全世界の国民が，ひとしく恐怖と欠乏から免かれ，平和のうちに生存する権利を有することを確認する。

　われらは，いづれの国家も，自国のことのみに専念して他国を無視してはならないのであつて，政治道徳の法則は，普遍的なものであり，この法則に従ふことは，自国の主権を維持し，他国と対等関係に立たうとする各国の責務であると信ずる。

　日本国民は，国家の名誉にかけ，全力をあげてこの崇高な理想と目的を達成することを誓ふ。

第一章　天皇
（略）
第二章　戦争の放棄
第九条　日本国民は，正義と秩序を基調とする国際平和を誠実に希求し，国権の発動たる戦争と，武力による威嚇又は武力の行使は，国際紛争を解決する手段としては，永久にこれを放棄する。
②前項の目的を達するため，陸海空軍その他の戦力は，これを保持しない。国の交戦権は，これを認めない。
第三章　国民の権利及び義務

第十条　日本国民たる要件は，法律でこれを定める。
第十一条　国民は，すべての基本的人権の享有を妨げられない。この憲法が国民に保障する基本的人権は，侵すことのできない永久の権利として，現在及び将来の国民に与へられる。
第十二条　この憲法が国民に保障する自由及び権利は，国民の不断の努力によつて，これを保持しなければならない。又，国民は，これを濫用してはならないのであつて，常に公共の福祉のためにこれを利用する責任を負ふ。
第十三条　すべて国民は，個人として尊重される。生命，自由及び幸福追求に対する国民の権利については，公共の福祉に反しない限り，立法その他の国政の上で，最大の尊重を必要とする。
第十四条　すべて国民は，法の下に平等であつて，人種，信条，性別，社会的身分又は門地により，政治的，経済的又は社会的関係において，差別されない。
②華族その他の貴族の制度は，これを認めない。
③栄誉，勲章その他の栄典の授与は，いかなる特権も伴はない。栄典の授与は，現にこれを有し，又は将来これを受ける者の一代に限り，その効力を有する。
第十五条　公務員を選定し，及びこれを罷免することは，国民固有の権利である。
②すべて公務員は，全体の奉仕者であつて，一部の奉仕者ではない。
③公務員の選挙については，成年者による普通選挙を保障する。
④すべて選挙における投票の秘密は，これを侵してはならない。選挙人は，その選択に関し公的にも私的にも責任を問はれない。
第十六条　何人も，損害の救済，公務員の罷免，法律，命令又は規則の制定，廃止又は改正その他の事項に関し，平穏に請願する権利を有し，何人も，かかる請願をしたためにいかなる差別待遇も受けない。
第十七条　何人も，公務員の不法行為により，損害を受けたときは，法律の定めるところにより，国又は公共団体に，その賠償を求めることができる。
第十八条　何人も，いかなる奴隷的拘束も受けない。又，犯罪に因る処罰の場合を除いては，その意に反する苦役に服させられない。
第十九条　思想及び良心の自由は，これを侵してはならない。
第二十条　信教の自由は，何人に対してもこれを保障する。いかなる宗教団体も，国から特権を受け，又は政治上の権力を行使してはならない。

②何人も，宗教上の行為，祝典，儀式又は行事に参加することを強制されない。
③国及びその機関は，宗教教育その他いかなる宗教的活動もしてはならない。
第二十一条　集会，結社及び言論，出版その他一切の表現の自由は，これを保障する。
②検閲は，これをしてはならない。通信の秘密は，これを侵してはならない。
第二十二条　何人も，公共の福祉に反しない限り，居住，移転及び職業選択の自由を有する。
②何人も，外国に移住し，又は国籍を離脱する自由を侵されない。
第二十三条　学問の自由は，これを保障する。
第二十四条
（略）
第二十五条　すべて国民は，健康で文化的な最低限度の生活を営む権利を有する。
②国は，すべての生活部面について，社会福祉，社会保障及び公衆衛生の向上及び増進に努めなければならない。
第二十六条　すべて国民は，法律の定めるところにより，その能力に応じて，ひとしく教育を受ける権利を有する。
②すべて国民は，法律の定めるところにより，その保護する子女に普通教育を受けさせる義務を負ふ。義務教育は，これを無償とする。
第二十七条　すべて国民は，勤労の権利を有し，義務を負ふ。
②賃金，就業時間，休息その他の勤労条件に関する基準は，法律でこれを定める。
③児童は，これを酷使してはならない。
第二十八条　勤労者の団結する権利及び団体交渉その他の団体行動をする権利は，これを保障する。
第二十九条　財産権は，これを侵してはならない。
②財産権の内容は，公共の福祉に適合するやうに，法律でこれを定める。
③私有財産は，正当な補償の下に，これを公共のために用ひることができる。
第三十条　国民は，法律の定めるところにより，納税の義務を負ふ。
第三十一条　何人も，法律の定める手続によらなければ，その生命若しくは自由を奪はれ，又はその他の刑罰を科せられない。
第三十二条　何人も，裁判所において裁判を受ける権利を奪はれない。

第三十三条～第四十条
（略）

Ⅱ．教育基本法

教育基本法（抄）（2006年12月22日法律第120号）

教育基本法（昭和22年法律第25号）の全部を改正する。

我々日本国民は，たゆまぬ努力によって築いてきた民主的で文化的な国家を更に発展させるとともに，世界の平和と人類の福祉の向上に貢献することを願うものである。

我々は，この理想を実現するため，個人の尊厳を重んじ，真理と正義を希求し，公共の精神を尊び，豊かな人間性と創造性を備えた人間の育成を期するとともに，伝統を継承し，新しい文化の創造を目指す教育を推進する。

ここに，我々は，日本国憲法の精神にのっとり，我が国の未来を切り拓く教育の基本を確立し，その振興を図るため，この法律を制定する。

第一章　教育の目的及び理念
（教育の目的）
第一条　教育は，人格の完成を目指し，平和で民主的な国家及び社会の形成者として必要な資質を備えた心身ともに健康な国民の育成を期して行われなければならない。
（教育の目標）
第二条　教育は，その目的を実現するため，学問の自由を尊重しつつ，次に掲げる目標を達成するよう行われるものとする。
一　幅広い知識と教養を身に付け，真理を求める態度を養い，豊かな情操と道徳心を培うとともに，健やかな身体を養うこと。
二　個人の価値を尊重して，その能力を伸ばし，創造性を培い，自主及び自律の精神を養うとともに，職業及び生活との関連を重視し，勤労を重んずる態度を養うこと。
三　正義と責任，男女の平等，自他の敬愛と協力を重んずるとともに，公共の精神に基づき，主体的に社会の形成に参画し，その発展に寄与する態度を養うこと。
四　生命を尊び，自然を大切にし，環境の保全に寄与する態度を養うこと。
五　伝統と文化を尊重し，それらをはぐくんできた我が国と郷土を愛するとともに，他国を尊重し，国際社会の平和と発展に寄与する態度を養うこと。

（生涯学習の理念）
第三条　国民一人一人が，自己の人格を磨き，豊かな人生を送ることができるよう，その生涯にわたって，あらゆる機会に，あらゆる場所において学習することができ，その成果を適切に生かすことのできる社会の実現が図られなければならない。
（教育の機会均等）
第四条　すべて国民は，ひとしく，その能力に応じた教育を受ける機会を与えられなければならず，人種，信条，性別，社会的身分，経済的地位又は門地によって，教育上差別されない。
2　国及び地方公共団体は，障害のある者が，その障害の状態に応じ，十分教育を受けられるよう，教育上必要な支援を講じなければならない。
3　国及び地方公共団体は，能力があるにもかかわらず，経済的理由によって修学が困難な者に対して，奨学の措置を講じなければならない。

第二章　教育の実施に関する基本
（義務教育）
第五条　国民は，その保護する子に，別に法律で定めるところにより，普通教育を受けさせる義務を負う。
2　義務教育として行われる普通教育は，各個人の有する能力を伸ばしつつ社会において自立的に生きる基礎を培い，また，国家及び社会の形成者として必要とされる基本的な資質を養うことを目的として行われるものとする。
3　国及び地方公共団体は，義務教育の機会を保障し，その水準を確保するため，適切な役割分担及び相互の協力の下，その実施に責任を負う。
4　国又は地方公共団体の設置する学校における義務教育については，授業料を徴収しない。
（学校教育）
第六条　法律に定める学校は，公の性質を有するものであって，国，地方公共団体及び法律に定める法人のみが，これを設置することができる。
2　前項の学校においては，教育の目標が達成されるよう，教育を受ける者の心身の発達に応じて，体系的な教育が組織的に行われなければならない。この場合において，教育を受ける者が，学校生活を営む上で必要な規律を重んずるとともに，自ら進んで学習に取り組む意欲を高めることを重視して行われなければならない。
（大学）
第七条　大学は，学術の中心として，高い教養と専門的能力を培うとともに，深く真理を探究して新たな知見を創造し，これらの成果を広く社会に提供することにより，社会の発展に寄与するものとする。
2　大学については，自主性，自律性その他の大学における教育及び研究の特性が尊重されなければならない。
（私立学校）
第八条　私立学校の有する公の性質及び学校教育において果たす重要な役割にかんがみ，国及び地方公共団体は，その自主性を尊重しつつ，助成その他の適当な方法によって私立学校教育の振興に努めなければならない。
（教員）
第九条　法律に定める学校の教員は，自己の崇高な使命を深く自覚し，絶えず研究と修養に励み，その職責の遂行に努めなければならない。
2　前項の教員については，その使命と職責の重要性にかんがみ，その身分は尊重され，待遇の適正が期せられるとともに，養成と研修の充実が図られなければならない。
（家庭教育）
第十条　父母その他の保護者は，子の教育について第一義的責任を有するものであって，生活のために必要な習慣を身に付けさせるとともに，自立心を育成し，心身の調和のとれた発達を図るよう努めるものとする。
2　国及び地方公共団体は，家庭教育の自主性を尊重しつつ，保護者に対する学習の機会及び情報の提供その他の家庭教育を支援するために必要な施策を講ずるよう努めなければならない。
（幼児期の教育）
第十一条　幼児期の教育は，生涯にわたる人格形成の基礎を培う重要なものであることにかんがみ，国及び地方公共団体は，幼児の健やかな成長に資する良好な環境の整備その他適当な方法によって，その振興に努めなければならない。
（社会教育）
第十二条　個人の要望や社会の要請にこたえ，社会において行われる教育は，国及び地方公共団体によって奨励されなければならない。
2　国及び地方公共団体は，図書館，博物館，公民館その他の社会教育施設の設置，学校の施設の利用，学習の機会及び情報の提供その他の適当な方法によって社会教育の振興に努めなければならない。
（学校，家庭及び地域住民等の相互の連携協力）
第十三条　学校，家庭及び地域住民その他の関係者は，教育におけるそれぞれの役割と責任を自覚するとともに，相互の連携及び協力に努めるものとする。

（政治教育）
第十四条　良識ある公民として必要な政治的教養は，教育上尊重されなければならない。
2　法律に定める学校は，特定の政党を支持し，又はこれに反対するための政治教育その他政治的活動をしてはならない。
（宗教教育）
第十五条　宗教に関する寛容の態度，宗教に関する一般的な教養及び宗教の社会生活における地位は，教育上尊重されなければならない。
2　国及び地方公共団体が設置する学校は，特定の宗教のための宗教教育その他宗教的活動をしてはならない。
第三章　教育行政
（教育行政）
第十六条　教育は，不当な支配に服することなく，この法律及び他の法律の定めるところにより行われるべきものであり，教育行政は，国と地方公共団体との適切な役割分担及び相互の協力の下，公正かつ適正に行われなければならない。
2　国は，全国的な教育の機会均等と教育水準の維持向上を図るため，教育に関する施策を総合的に策定し，実施しなければならない。
3　地方公共団体は，その地域における教育の振興を図るため，その実情に応じた教育に関する施策を策定し，実施しなければならない。
4　国及び地方公共団体は，教育が円滑かつ継続的に実施されるよう，必要な財政上の措置を講じなければならない。
（教育振興基本計画）
第十七条　政府は，教育の振興に関する施策の総合的かつ計画的な推進を図るため，教育の振興に関する施策についての基本的な方針及び講ずべき施策その他必要な事項について，基本的な計画を定め，これを国会に報告するとともに，公表しなければならない。
2　地方公共団体は，前項の計画を参酌し，その地域の実情に応じ，当該地方公共団体における教育の振興のための施策に関する基本的な計画を定めるよう努めなければならない。

Ⅲ．学校教育法（第1章～11章）

学校教育法（抄）（1947年3月31日法律第26号）
　　　　　最終改正：2015年6月26日法律第50号

第一章　総則

第一条　この法律で，学校とは，幼稚園，小学校，中学校，高等学校，中等教育学校，特別支援学校，大学及び高等専門学校とする。
第二条　学校は，国（国立大学法人法（平成十五年法律第百十二号）第二条第一項に規定する国立大学法人及び独立行政法人国立高等専門学校機構を含む。以下同じ。），地方公共団体（地方独立行政法人法（平成十五年法律第百十八号）第六十八条第一項に規定する公立大学法人を含む。次項において同じ。）及び私立学校法第三条に規定する学校法人（以下学校法人と称する。）のみが，これを設置することができる。
②この法律で，国立学校とは，国の設置する学校を，公立学校とは，地方公共団体の設置する学校を，私立学校とは，学校法人の設置する学校をいう。
第三条　学校を設置しようとする者は，学校の種類に応じ，文部科学大臣の定める設備，編制その他に関する設置基準に従い，これを設置しなければならない。

第二章　義務教育

第十六条　保護者（子に対して親権を行う者（親権を行う者のないときは，未成年後見人）をいう。以下同じ。）は，次条に定めるところにより，子に九年の普通教育を受けさせる義務を負う。
第十七条　保護者は，子の満六歳に達した日の翌日以後における最初の学年の初めから，満十二歳に達した日の属する学年の終わりまで，これを小学校又は特別支援学校の小学部に就学させる義務を負う。ただし，子が，満十二歳に達した日の属する学年の終わりまでに小学校又は特別支援学校の小学部の課程を修了しないときは，満十五歳に達した日の属する学年の終わり（それまでの間において当該課程を修了したときは，その修了した日の属する学年の終わり）までとする。
②保護者は，子が小学校又は特別支援学校の小学部の課程を修了した日の翌日以後における最初の学年の初めから，満十五歳に達した日の属する学年の終わりまで，これを中学校，中等教育学校の前期課程又は特別支援学校の中学部に就学させる義務を負う。
③前二項の義務の履行の督促その他これらの義務の履行に関し必要な事項は，政令で定める。
第十八条　前条第一項又は第二項の規定によつて，保護者が就学させなければならない子（以下それぞれ「学齢児童」又は「学齢生徒」という。）で，病弱，発育不完全その他やむを得ない事由のため，就学困難と認められる者の保護者に対しては，市町村の教育委員会は，文部科学大臣の定めるところにより，同条第一項又は第二項の義務を猶予又は免除することができる。

第十九条　経済的理由によつて、就学困難と認められる学齢児童又は学齢生徒の保護者に対しては、市町村は、必要な援助を与えなければならない。

第二十条　学齢児童又は学齢生徒を使用する者は、その使用によつて、当該学齢児童又は学齢生徒が、義務教育を受けることを妨げてはならない。

第二十一条　義務教育として行われる普通教育は、教育基本法（平成十八年法律第百二十号）第五条第二項に規定する目的を実現するため、次に掲げる目標を達成するよう行われるものとする。
一　学校内外における社会的活動を促進し、自主、自律及び協同の精神、規範意識、公正な判断力並びに公共の精神に基づき主体的に社会の形成に参画し、その発展に寄与する態度を養うこと。
二　学校内外における自然体験活動を促進し、生命及び自然を尊重する精神並びに環境の保全に寄与する態度を養うこと。
三　我が国と郷土の現状と歴史について、正しい理解に導き、伝統と文化を尊重し、それらをはぐくんできた我が国と郷土を愛する態度を養うとともに、進んで外国の文化の理解を通じて、他国を尊重し、国際社会の平和と発展に寄与する態度を養うこと。
四　家族と家庭の役割、生活に必要な衣、食、住、情報、産業その他の事項について基礎的な理解と技能を養うこと。
五　読書に親しませ、生活に必要な国語を正しく理解し、使用する基礎的な能力を養うこと。
六　生活に必要な数量的な関係を正しく理解し、処理する基礎的な能力を養うこと。
七　生活にかかわる自然現象について、観察及び実験を通じて、科学的に理解し、処理する基礎的な能力を養うこと。
八　健康、安全で幸福な生活のために必要な習慣を養うとともに、運動を通じて体力を養い、心身の調和的発達を図ること。
九　生活を明るく豊かにする音楽、美術、文芸その他の芸術について基礎的な理解と技能を養うこと。
十　職業についての基礎的な知識と技能、勤労を重んずる態度及び個性に応じて将来の進路を選択する能力を養うこと。

第三章　幼稚園
（略）

第四章　小学校

第二十九条　小学校は、心身の発達に応じて、義務教育として行われる普通教育のうち基礎的なものを施すことを目的とする。

第三十条　小学校における教育は、前条に規定する目的を実現するために必要な程度において第二十一条各号に掲げる目標を達成するよう行われるものとする。
②前項の場合においては、生涯にわたり学習する基盤が培われるよう、基礎的な知識及び技能を習得させるとともに、これらを活用して課題を解決するために必要な思考力、判断力、表現力その他の能力をはぐくみ、主体的に学習に取り組む態度を養うことに、特に意を用いなければならない。

第三十一条　小学校においては、前条第一項の規定による目標の達成に資するよう、教育指導を行うに当たり、児童の体験的な学習活動、特にボランティア活動など社会奉仕体験活動、自然体験活動その他の体験活動の充実に努めるものとする。この場合において、社会教育関係団体その他の関係団体及び関係機関との連携に十分配慮しなければならない。

第三十二条　小学校の修業年限は、六年とする。

第三十三条　小学校の教育課程に関する事項は、第二十九条及び第三十条の規定に従い、文部科学大臣が定める。

第三十四条　小学校においては、文部科学大臣の検定を経た教科用図書又は文部科学省が著作の名義を有する教用科図書を使用しなければならない。

第三十五条　市町村の教育委員会は、次に掲げる行為の一又は二以上を繰り返し行う等性行不良であつて他の児童の教育に妨げがあると認める児童があるときは、その保護者に対して、児童の出席停止を命ずることができる。
一　他の児童に傷害、心身の苦痛又は財産上の損失を与える行為
二　職員に傷害又は心身の苦痛を与える行為
三　施設又は設備を損壊する行為
四　授業その他の教育活動の実施を妨げる行為

第三十六条　学齢に達しない子は、小学校に入学させることができない。

第三十七条　小学校には、校長、教頭、教諭、養護教諭及び事務職員を置かなければならない。

第三十八条～第四十一条
（略）

第四十二条　小学校は、文部科学大臣の定めるところにより当該小学校の教育活動その他の学校運営の状況について評価を行い、その結果に基づき学校運営の改善を図るため必要な措置を講ずることにより、その教育水準の向上に努めなければならない。

第四十三条　小学校は，当該小学校に関する保護者及び地域住民その他の関係者の理解を深めるとともに，これらの者との連携及び協力の推進に資するため，当該小学校の教育活動その他の学校運営の状況に関する情報を積極的に提供するものとする。
第四十四条　私立の小学校は，都道府県知事の所管に属する。

第五章　中学校

第四十五条　中学校は，小学校における教育の基礎の上に，心身の発達に応じて，義務教育として行われる普通教育を施すことを目的とする。
第四十六条　中学校における教育は，前条に規定する目的を実現するため，第二十一条各号に掲げる目標を達成するよう行われるものとする。
第四十七条　中学校の修業年限は，三年とする。
第四十八条　中学校の教育課程に関する事項は，第四十五条及び第四十六条の規定並びに次条において読み替えて準用する第三十条第二項の規定に従い，文部科学大臣が定める。

第六章　高等学校

第五十条　高等学校は，中学校における教育の基礎の上に，心身の発達及び進路に応じて，高度な普通教育及び専門教育を施すことを目的とする。
第五十一条　高等学校における教育は，前条に規定する目的を実現するため，次に掲げる目標を達成するよう行われるものとする。
　一　義務教育として行われる普通教育の成果を更に発展拡充させて，豊かな人間性，創造性及び健やかな身体を養い，国家及び社会の形成者として必要な資質を養うこと。
　二　社会において果たさなければならない使命の自覚に基づき，個性に応じて将来の進路を決定させ，一般的な教養を高め，専門的な知識，技術及び技能を習得させること。
　三　個性の確立に努めるとともに，社会について，広く深い理解と健全な批判力を養い，社会の発展に寄与する態度を養うこと。
第五十二条　高等学校の学科及び教育課程に関する事項は，前二条の規定及び第六十二条において読み替えて準用する第三十条第二項の規定に従い，文部科学大臣が定める。
第五十三条　高等学校には，全日制の課程のほか，定時制の課程を置くことができる。
②高等学校には，定時制の課程のみを置くことができる。
第五十四条　高等学校には，全日制の課程又は定時制の課程のほか，通信制の課程を置くことができる。
②高等学校には，通信制の課程のみを置くことができる。
第五十五条～第五十八条
　（略）
第五十九条　高等学校に関する入学，退学，転学その他必要な事項は，文部科学大臣が，これを定める。
第六十条　高等学校には，校長，教頭，教諭及び事務職員を置かなければならない。

第七章　中等教育学校

第六十三条　中等教育学校は，小学校における教育の基礎の上に，心身の発達及び進路に応じて，義務教育として行われる普通教育並びに高度な普通教育及び専門教育を一貫して施すことを目的とする。
第六十四条　中等教育学校における教育は，前条に規定する目的を実現するため，次に掲げる目標を達成するよう行われるものとする。
　一　豊かな人間性，創造性及び健やかな身体を養い，国家及び社会の形成者として必要な資質を養うこと。
　二　社会において果たさなければならない使命の自覚に基づき，個性に応じて将来の進路を決定させ，一般的な教養を高め，専門的な知識，技術及び技能を習得させること。
　三　個性の確立に努めるとともに，社会について，広く深い理解と健全な批判力を養い，社会の発展に寄与する態度を養うこと。
第六十五条　中等教育学校の修業年限は，六年とする。
第六十六条　中等教育学校の課程は，これを前期三年の前期課程及び後期三年の後期課程に区分する。

Ⅳ．学校教育法施行令（第1章第1条・第9条のみ）

学校教育法施行令（抄）（1953年10月31日政令第340号）
　　　　　最終改正：2015年1月30日政令第30号

第一章　就学義務
第一節　学齢簿
　（学齢簿の編製）
第一条　市（特別区を含む。以下同じ。）町村の教育委員会は，当該市町村の区域内に住所を有する学齢児童及び学齢生徒（それぞれ学校教育法（以下「法」という。）第十八条に規定する学齢児童及び学齢生徒をいう。以下同じ。）について，学齢簿を編製しなければならない。
　（区域外就学等）
第九条　児童生徒等をその住所の存する市町村の設置する小学校又は中学校（併設型中学校を除く。）以外の

小学校，中学校又は中等教育学校に就学させようとする場合には，その保護者は，就学させようとする小学校，中学校又は中等教育学校が市町村又は都道府県の設置するものであるときは当該市町村又は都道府県の教育委員会の，その他のものであるときは当該小学校，中学校又は中等教育学校における就学を承諾する権限を有する者の承諾を証する書面を添え，その旨をその児童生徒等の住所の存する市町村の教育委員会に届け出なければならない。
2 市町村の教育委員会は，前項の承諾（当該市町村の設置する小学校又は中学校（併設型中学校を除く。）への就学に係るものに限る。）を与えようとする場合には，あらかじめ，児童生徒等の住所の存する市町村の教育委員会に協議するものとする。

Ⅴ．学校教育法施行規則

学校教育法施行規則（1947年5月23日文部省令第11号）
　　最終改正：2015年10月2日文部科学省令第35号
第一章　総則
第一節　設置廃止等
第一条　学校には，その学校の目的を実現するために必要な校地，校舎，校具，運動場，図書館又は図書室，保健室その他の設備を設けなければならない。
②　学校の位置は，教育上適切な環境に，これを定めなければならない。
第二条〜第十九条
　（略）
第二節　校長，副校長及び教頭の資格
　（略）
第三節　管理
第二十四条　校長は，その学校に在学する児童等の指導要録（学校教育法施行令第三十一条に規定する児童等の学習及び健康の状況を記録した書類の原本をいう。以下同じ。）を作成しなければならない。
第二十五条　校長（学長を除く。）は，当該学校に在学する児童等について出席簿を作成しなければならない。
第二十六条　校長及び教員が児童等に懲戒を加えるに当つては，児童等の心身の発達に応ずる等教育上必要な配慮をしなければならない。
②懲戒のうち，退学，停学及び訓告の処分は，校長（大学にあつては，学長の委任を受けた学部長を含む。）が行う。
③前項の退学は，公立の小学校，中学校（学校教育法第七十一条の規定により高等学校における教育と一貫した教育を施すもの（以下「併設型中学校」という。）を除く。）又は特別支援学校に在学する学齢児童又は学齢生徒を除き，次の各号のいずれかに該当する児童等に対して行うことができる。
一　性行不良で改善の見込がないと認められる者
二　学力劣等で成業の見込がないと認められる者
三　正当の理由がなくて出席常でない者
四　学校の秩序を乱し，その他学生又は生徒としての本分に反した者
第二十七条〜第二十八条
　（略）
第二章　義務教育
第二十九条〜第三十一条
　（略）
第三十二条　市町村の教育委員会は，学校教育法施行令第五条第二項（同令第六条において準用する場合を含む。次項において同じ。）の規定により就学予定者の就学すべき小学校又は中学校（次項において「就学校」という。）を指定する場合には，あらかじめ，その保護者の意見を聴取することができる。この場合においては，意見の聴取の手続に関し必要な事項を定め，公表するものとする。
2　市町村の教育委員会は，学校教育法施行令第五条第二項の規定による就学校の指定に係る通知において，その指定の変更についての同令第八条に規定する保護者の申立ができる旨を示すものとする。
第三十三条　市町村の教育委員会は，学校教育法施行令第八条の規定により，その指定した小学校又は中学校を変更することができる場合の要件及び手続に関し必要な事項を定め，公表するものとする。
第三十四条　学齢児童又は学齢生徒で，学校教育法第十八条に掲げる事由があるときは，その保護者は，就学義務の猶予又は免除を市町村の教育委員会に願い出なければならない。この場合においては，当該市町村の教育委員会の指定する医師その他の者の証明書等その事由を証するに足る書類を添えなければならない。
第三十五条　学校教育法第十八条の規定により保護者が就学させる義務を猶予又は免除された子について，当該猶予の期間が経過し，又は当該猶予若しくは免除が取り消されたときは，校長は，当該子を，その年齢及び心身の発達状況を考慮して，相当の学年に編入することができる。
第三章　幼稚園
　（略）
第四章　小学校

第一節　設備編制
第四十条〜第四十三条
　（略）
第四十四条　小学校には、教務主任及び学年主任を置くものとする。
第四十五条〜第四十七条
　（略）
第四十八条　小学校には、設置者の定めるところにより、校長の職務の円滑な執行に資するため、職員会議を置くことができる。
2　職員会議は、校長が主宰する。
第四十九条　小学校には、設置者の定めるところにより、学校評議員を置くことができる。
2　学校評議員は、校長の求めに応じ、学校運営に関し意見を述べることができる。
3　学校評議員は、当該小学校の職員以外の者で教育に関する理解及び識見を有するもののうちから、校長の推薦により、当該小学校の設置者が委嘱する。
第二節　教育課程
第五十条　小学校の教育課程は、国語、社会、算数、理科、生活、音楽、図画工作、家庭及び体育の各教科（以下この節において「各教科」という。）、道徳、外国語活動、総合的な学習の時間並びに特別活動によつて編成するものとする。
2　私立の小学校の教育課程を編成する場合は、前項の規定にかかわらず、宗教を加えることができる。この場合においては、宗教をもつて前項の道徳に代えることができる。
第五十一条　小学校の各学年における各教科、道徳、外国語活動、総合的な学習の時間及び特別活動のそれぞれの授業時数並びに各学年におけるこれらの総授業時数は、別表第一に定める授業時数を標準とする。
第五十二条　小学校の教育課程については、この節に定めるもののほか、教育課程の基準として文部科学大臣が別に公示する小学校学習指導要領によるものとする。
第五十三条　小学校においては、必要がある場合には、一部の各教科について、これらを合わせて授業を行うことができる。
第五十四条　児童が心身の状況によつて履修することが困難な各教科は、その児童の心身の状況に適合するように課さなければならない。
第五十五条
　（略）
第五十六条　小学校において、学校生活への適応が困難であるため相当の期間小学校を欠席し引き続き欠席すると認められる児童を対象として、その実態に配慮した特別の教育課程を編成して教育を実施する必要があると文部科学大臣が認める場合においては、文部科学大臣が別に定めるところにより、第五十条第一項、第五十一条又は第五十二条の規定によらないことができる。
第五十六条の二　小学校において、日本語に通じない児童のうち、当該児童の日本語を理解し、使用する能力に応じた特別の指導を行う必要があるものを教育する場合には、文部科学大臣が別に定めるところにより、第五十条第一項、第五十一条及び第五十二条の規定にかかわらず、特別の教育課程によることができる。
第五十六条の三　前条の規定により特別の教育課程による場合においては、校長は、児童が設置者の定めるところにより他の小学校又は特別支援学校の小学部において受けた授業を、当該児童の在学する小学校において受けた当該特別の教育課程に係る授業とみなすことができる。
第五十七条　小学校において、各学年の課程の修了又は卒業を認めるに当たつては、児童の平素の成績を評価して、これを定めなければならない。
第五十八条　校長は、小学校の全課程を修了したと認めた者には、卒業証書を授与しなければならない。
第三節　学年及び授業日
　（略）
第四節　職員
　（略）
第五節　学校評価
第六十六条　小学校は、当該小学校の教育活動その他の学校運営の状況について、自ら評価を行い、その結果を公表するものとする。
2　前項の評価を行うに当たつては、小学校は、その実情に応じ、適切な項目を設定して行うものとする。
第六十七条　小学校は、前条第一項の規定による評価の結果を踏まえた当該小学校の児童の保護者その他の当該小学校の関係者（当該小学校の職員を除く。）による評価を行い、その結果を公表するよう努めるものとする。
第六十八条　小学校は、第六十六条第一項の規定による評価の結果及び前条の規定により評価を行つた場合はその結果を、当該小学校の設置者に報告するものとする。
第五章　中学校
第六十九条　中学校の設備、編制その他設置に関する事項は、この章に定めるもののほか、<u>中学校設置基準</u>

（平成十四年文部科学省令第十五号）の定めるところによる。

第七十条　中学校には，生徒指導主事を置くものとする。

第七十一条　中学校には，進路指導主事を置くものとする。

第七十二条　中学校の教育課程は，国語，社会，数学，理科，音楽，美術，保健体育，技術・家庭及び外国語の各教科（以下本章及び第七章中「各教科」という。），道徳，総合的な学習の時間並びに特別活動によつて編成するものとする。

第七十三条　中学校（併設型中学校及び第七十五条第二項に規定する連携型中学校を除く。）の各学年における各教科，道徳，総合的な学習の時間及び特別活動のそれぞれの授業時数並びに各学年におけるこれらの総授業時数は，別表第二に定める授業時数を標準とする。

第七十四条　中学校の教育課程については，この章に定めるもののほか，教育課程の基準として文部科学大臣が別に公示する中学校学習指導要領によるものとする。

第七十五条　中学校（併設型中学校を除く。）においては，高等学校における教育との一貫性に配慮した教育を施すため，当該中学校の設置者が当該高等学校の設置者との協議に基づき定めるところにより，教育課程を編成することができる。

2　前項の規定により教育課程を編成する中学校（以下「連携型中学校」という。）は，第八十七条第一項の規定により教育課程を編成する高等学校と連携し，その教育課程を実施するものとする。

第七十六条　連携型中学校の各学年における各教科，道徳，総合的な学習の時間及び特別活動のそれぞれの授業時数並びに各学年におけるこれらの総授業時数は，別表第四に定める授業時数を標準とする。

第七十七条～第七十八条
（略）

第六章　高等学校

第一節　設備，編制，学科及び教育課程

第八十条～第八十二条
（略）

第八十三条　高等学校の教育課程は，別表第三に定める各教科に属する科目，総合的な学習の時間及び特別活動によつて編成するものとする。

第八十四条　高等学校の教育課程については，この章に定めるもののほか，教育課程の基準として文部科学大臣が別に公示する高等学校学習指導要領によるものとする。

第八十五条～第八十六条
（略）

第八十七条　高等学校（学校教育法第七十一条の規定により中学校における教育と一貫した教育を施すもの（以下「併設型高等学校」という。）を除く。）においては，中学校における教育との一貫性に配慮した教育を施すため，当該高等学校の設置者が当該中学校の設置者との協議に基づき定めるところにより，教育課程を編成することができる。

2　前項の規定により教育課程を編成する高等学校（以下「連携型高等学校」という。）は，連携型中学校と連携し，その教育課程を実施するものとする。

第八十八条　連携型高等学校の教育課程については，この章に定めるもののほか，教育課程の基準の特例として文部科学大臣が別に定めるところによるものとする。

第八十八条の二　スイス民法典に基づく財団法人である国際バカロレア事務局から国際バカロレア・ディプロマ・プログラムを提供する学校として認められた高等学校の教育課程については，この章に定めるもののほか，教育課程の基準の特例として文部科学大臣が別に定めるところによるものとする。

第八十八条の三　高等学校は，文部科学大臣が別に定めるところにより，授業を，多様なメディアを高度に利用して，当該授業を行う教室等以外の場所で履修させることができる。

第八十九条　高等学校においては，文部科学大臣の検定を経た教科用図書又は文部科学省が著作の名義を有する教科用図書のない場合には，当該高等学校の設置者の定めるところにより，他の適切な教科用図書を使用することができる。

第七章　中等教育学校並びに併設型中学校及び併設型高等学校

第一節　中等教育学校

第百五条　中等教育学校の設置基準は，この章に定めるもののほか，別に定める。

第百六条　中等教育学校の前期課程の設備，編制その他設置に関する事項については，中学校設置基準の規定を準用する。

2　中等教育学校の後期課程の設備，編制，学科の種類その他設置に関する事項については，高等学校設置基準の規定を準用する。

第二節　併設型中学校及び併設型高等学校の教育課程及び入学

第百十四条　併設型中学校の教育課程については，第五章に定めるもののほか，教育課程の基準の特例として文部科学大臣が別に定めるところによるものとする。

2　併設型高等学校の教育課程については，第六章に定めるもののほか，教育課程の基準の特例として文部科学大臣が別に定めるところによるものとする。
第百十五条　併設型中学校及び併設型高等学校においては，中学校における教育と高等学校における教育を一貫して施すため，設置者の定めるところにより，教育課程を編成するものとする。
第百十六条　第九十条第一項の規定にかかわらず，併設型高等学校においては，当該高等学校に係る併設型中学校の生徒については入学者の選抜は行わないものとする。
第百十七条　第百七条及び第百十条の規定は，併設型中学校に準用する。

Ⅵ．地方教育行政の組織及び運営に関する法律

地方教育行政の組織及び運営に関する法律（抄）（1956年6月30日法律第162号）
　　　　　最終改正：2015年7月15日法律第56号

第一章　総則

（この法律の趣旨）
第一条　この法律は，教育委員会の設置，学校その他の教育機関の職員の身分取扱その他地方公共団体における教育行政の組織及び運営の基本を定めることを目的とする。
（基本理念）
第一条の二　地方公共団体における教育行政は，教育基本法（平成十八年法律第百二十号）の趣旨にのっとり，教育の機会均等，教育水準の維持向上及び地域の実情に応じた教育の振興が図られるよう，国との適切な役割分担及び相互の協力の下，公正かつ適正に行われなければならない。
（大綱の策定等）
第一条の三　地方公共団体の長は，教育基本法第十七条第一項に規定する基本的な方針を参酌し，その地域の実情に応じ，当該地方公共団体の教育，学術及び文化の振興に関する総合的な施策の大綱（以下単に「大綱」という。）を定めるものとする。
（総合教育会議）
第一条の四　地方公共団体の長は，大綱の策定に関する協議及び次に掲げる事項についての協議並びにこれらに関する次項各号に掲げる構成員の事務の調整を行うため，総合教育会議を設けるものとする。
　一　教育を行うための諸条件の整備その他の地域の実情に応じた教育，学術及び文化の振興を図るため重点的に講ずべき施策
　二　児童，生徒等の生命又は身体に現に被害が生じ，又はまさに被害が生ずるおそれがあると見込まれる場合等の緊急の場合に講ずべき措置
2　総合教育会議は，次に掲げる者をもつて構成する。
　一　地方公共団体の長
　二　教育委員会
3　総合教育会議は，地方公共団体の長が招集する。
4　教育委員会は，その権限に属する事務に関して協議する必要があると思料するときは，地方公共団体の長に対し，協議すべき具体的事項を示して，総合教育会議の招集を求めることができる。
5　総合教育会議は，第一項の協議を行うに当たつて必要があると認めるときは，関係者又は学識経験を有する者から，当該協議すべき事項に関して意見を聴くことができる。
6　総合教育会議は，公開する。ただし，個人の秘密を保つため必要があると認めるとき，又は会議の公正が害されるおそれがあると認めるときその他公益上必要があると認めるときは，この限りでない。
7　地方公共団体の長は，総合教育会議の終了後，遅滞なく，総合教育会議の定めるところにより，その議事録を作成し，これを公表するよう努めなければならない。
8　総合教育会議においてその構成員の事務の調整が行われた事項については，当該構成員は，その調整の結果を尊重しなければならない。
9　前各項に定めるもののほか，総合教育会議の運営に関し必要な事項は，総合教育会議が定める。

第二章　教育委員会の設置及び組織

第一節　教育委員会の設置，教育長及び委員並びに会議
（設置）
第二条　都道府県，市（特別区を含む。以下同じ。）町村及び第二十一条に規定する事務の全部又は一部を処理する地方公共団体の組合に教育委員会を置く。
（組織）
第三条　教育委員会は，教育長及び四人の委員をもつて組織する。ただし，条例で定めるところにより，都道府県若しくは市又は地方公共団体の組合のうち都道府県若しくは市が加入するものの教育委員会にあつては教育長及び五人以上の委員，町村又は地方公共団体の組合のうち町村のみが加入するものの教育委員会にあつては教育長及び二人以上の委員をもつて組織することができる。
（任命）

第四条　教育長は，当該地方公共団体の長の被選挙権を有する者で，人格が高潔で，教育行政に関し識見を有するもののうちから，地方公共団体の長が，議会の同意を得て，任命する。
（任期）
第五条～第十二条
（略）
（教育長）
第十三条　教育長は，教育委員会の会務を総理し，教育委員会を代表する。
（会議）
第十四条　教育委員会の会議は，教育長が招集する。
第十五条～第十六条
（略）
第二節　事務局
第十七条～第二十条
（略）

第三章　教育委員会及び地方公共団体の長の職務権限
（教育委員会の職務権限）
第二十一条　教育委員会は，当該地方公共団体が処理する教育に関する事務で，次に掲げるものを管理し，及び執行する。
一　教育委員会の所管に属する第三十条に規定する学校その他の教育機関（以下「学校その他の教育機関」という。）の設置，管理及び廃止に関すること。
二　教育委員会の所管に属する学校その他の教育機関の用に供する財産（以下「教育財産」という。）の管理に関すること。
三　教育委員会及び教育委員会の所管に属する学校その他の教育機関の職員の任免その他の人事に関すること。
四　学齢生徒及び学齢児童の就学並びに生徒，児童及び幼児の入学，転学及び退学に関すること。
五　教育委員会の所管に属する学校の組織編制，教育課程，学習指導，生徒指導及び職業指導に関すること。
六　教科書その他の教材の取扱いに関すること。
七　校舎その他の施設及び教具その他の設備の整備に関すること。
八　校長，教員その他の教育関係職員の研修に関すること。
九　校長，教員その他の教育関係職員並びに生徒，児童及び幼児の保健，安全，厚生及び福利に関すること。
十　教育委員会の所管に属する学校その他の教育機関の環境衛生に関すること。
十一　学校給食に関すること。
十二　青少年教育，女性教育及び公民館の事業その他社会教育に関すること。
十三　スポーツに関すること。
十四　文化財の保護に関すること。
十五　ユネスコ活動に関すること。
十六　教育に関する法人に関すること。
十七　教育に係る調査及び基幹統計その他の統計に関すること。
十八　所掌事務に係る広報及び所掌事務に係る教育行政に関する相談に関すること。
十九　前各号に掲げるもののほか，当該地方公共団体の区域内における教育に関する事務に関すること。
（長の職務権限）
第二十二条　地方公共団体の長は，大綱の策定に関する事務のほか，次に掲げる教育に関する事務を管理し，及び執行する。
一　大学に関すること。
二　幼保連携型認定こども園に関すること。
三　私立学校に関すること。
四　教育財産を取得し，及び処分すること。
五　教育委員会の所掌に係る事項に関する契約を結ぶこと。
六　前号に掲げるもののほか，教育委員会の所掌に係る事項に関する予算を執行すること。
（職務権限の特例）
第二十三条　前二条の規定にかかわらず，地方公共団体は，前条各号に掲げるもののほか，条例の定めるところにより，当該地方公共団体の長が，次の各号に掲げる教育に関する事務のいずれか又は全てを管理し，及び執行することとすることができる。
一　スポーツに関すること（学校における体育に関することを除く。）。
二　文化に関すること（文化財の保護に関することを除く。）。
2　地方公共団体の議会は，前項の条例の制定又は改廃の議決をする前に，当該地方公共団体の教育委員会の意見を聴かなければならない。
（事務処理の法令準拠）
第二十四条　教育委員会及び地方公共団体の長は，それぞれ前三条の事務を管理し，及び執行するに当たつては，法令，条例，地方公共団体の規則並びに地方公共団体の機関の定める規則及び規程に基づかなければならない。
（事務の委任等）
第二十五条　教育委員会は，教育委員会規則で定めると

ころにより，その権限に属する事務の一部を教育長に委任し，又は教育長をして臨時に代理させることができる。
2　前項の規定にかかわらず，次に掲げる事務は，教育長に委任することができない。
　一　教育に関する事務の管理及び執行の基本的な方針に関すること。
　二　教育委員会規則その他教育委員会の定める規程の制定又は改廃に関すること。
　三　教育委員会の所管に属する学校その他の教育機関の設置及び廃止に関すること。
　四　教育委員会及び教育委員会の所管に属する学校その他の教育機関の職員の任免その他の人事に関すること。
　五　次条の規定による点検及び評価に関すること。
　六　第二十七条及び第二十九条に規定する意見の申出に関すること。
3　教育長は，教育委員会規則で定めるところにより，第一項の規定により委任された事務又は臨時に代理した事務の管理及び執行の状況を教育委員会に報告しなければならない。
4　教育長は，第一項の規定により委任された事務その他その権限に属する事務の一部を事務局の職員若しくは教育委員会の所管に属する学校その他の教育機関の職員（以下この項及び次条第一項において「事務局職員等」という。）に委任し，又は事務局職員等をして臨時に代理させることができる。
（教育に関する事務の管理及び執行の状況の点検及び評価等）
（教育委員会の意見聴取）
第二十六条～第二十八条
（略）
第二十九条　地方公共団体の長は，歳入歳出予算のうち教育に関する事務に係る部分その他特に教育に関する事務について定める議会の議決を経るべき事件の議案を作成する場合においては，教育委員会の意見をきかなければならない。

Ⅶ．地方公務員法

地方公務員法（抄）（昭和1950年12月13日法律第261号）
　　　　　　　　最終改正：2014年6月13日法律第69号

第三章　職員に適用される基準
第一節　通則

（平等取扱の原則）
第十三条　すべて国民は，この法律の適用について，平等に取り扱われなければならず，人種，信条，性別，社会的身分若しくは門地によつて，又は第十六条第五号に規定する場合を除く外，政治的意見若しくは政治的所属関係によつて差別されてはならない。
（情勢適応の原則）
第十四条　地方公共団体は，この法律に基いて定められた給与，勤務時間その他の勤務条件が社会一般の情勢に適応するように，随時，適当な措置を講じなければならない。
第二節　任用
（略）
第三節　職階制
（略）
第四節　給与，勤務時間その他の勤務条件
（給与，勤務時間その他の勤務条件の根本基準）
第二十四条　職員の給与は，その職務と責任に応ずるものでなければならない。
（給与に関する条例及び給料額の決定）
第二十五条　職員の給与は，前条第六項の規定による給与に関する条例に基づいて支給されなければならず，又，これに基づかずには，いかなる金銭又は有価物も職員に支給してはならない。
（給料表に関する報告及び勧告）
第二十六条の一～三
（略）
第四節の二　休業
（休業の種類）
第二十六条の四　職員の休業は，自己啓発等休業，配偶者同行休業，育児休業及び大学院修学休業とする。
2　育児休業及び大学院修学休業については，別に法律で定めるところによる。
（自己啓発等休業）
第二十六条の五　任命権者は，職員（臨時的に任用される職員その他の法律により任期を定めて任用される職員及び非常勤職員を除く。以下この条及び次条（第八項及び第九項を除く。）において同じ。）が申請した場合において，公務の運営に支障がなく，かつ，当該職員の公務に関する能力の向上に資すると認めるときは，条例で定めるところにより，当該職員が，三年を超えない範囲内において条例で定める期間，大学等課程の履修（大学その他の条例で定める教育施設の課程の履修をいう。第五項において同じ。）又は国際貢献活動（国際協力の促進に資する外国における奉仕活動（当

該奉仕活動を行うために必要な国内における訓練その他の準備行為を含む。）のうち職員として参加することが適当であると認められるものとして条例で定めるものに参加することをいう。第五項において同じ。）のための休業（以下この条において「自己啓発等休業」という。）をすることを承認することができる。

第五節　分限及び懲戒
（分限及び懲戒の基準）
第二十七条　すべて職員の分限及び懲戒については，公正でなければならない。
（降任，免職，休職等）
第二十八条　職員が，左の各号の一に該当する場合においては，その意に反して，これを降任し，又は免職することができる。
　一　勤務実績が良くない場合
　二　心身の故障のため，職務の遂行に支障があり，又はこれに堪えない場合
　三　前二号に規定する場合の外，その職に必要な適格性を欠く場合
　四　職制若しくは定数の改廃又は予算の減少により廃職又は過員を生じた場合
2　職員が，左の各号の一に該当する場合においては，その意に反してこれを休職することができる。
　一　心身の故障のため，長期の休養を要する場合
　二　刑事事件に関し起訴された場合
3　職員の意に反する降任，免職，休職及び降給の手続及び効果は，法律に特別の定がある場合を除く外，条例で定めなければならない。
4　職員は，第十六条各号（第三号を除く。）の一に該当するに至つたときは，条例に特別の定がある場合を除く外，その職を失う。
（定年による退職）
第二十九条
　（略）

第六節　服務
（服務の根本基準）
第三十条　すべて職員は，全体の奉仕者として公共の利益のために勤務し，且つ，職務の遂行に当つては，全力を挙げてこれに専念しなければならない。
（服務の宣誓）
第三十一条　職員は，条例の定めるところにより，服務の宣誓をしなければならない。
（法令等及び上司の職務上の命令に従う義務）
第三十二条　職員は，その職務を遂行するに当つて，法令，条例，地方公共団体の規則及び地方公共団体の機関の定める規程に従い，且つ，上司の職務上の命令に忠実に従わなければならない。
（信用失墜行為の禁止）
第三十三条　職員は，その職の信用を傷つけ，又は職員の職全体の不名誉となるような行為をしてはならない。
（秘密を守る義務）
第三十四条　職員は，職務上知り得た秘密を漏らしてはならない。その職を退いた後も，また，同様とする。
（職務に専念する義務）
第三十五条　職員は，法律又は条例に特別の定がある場合を除く外，その勤務時間及び職務上の注意力のすべてをその職責遂行のために用い，当該地方公共団体がなすべき責を有する職務にのみ従事しなければならない。
（政治的行為の制限）
第三十六条　職員は，政党その他の政治的団体の結成に関与し，若しくはこれらの団体の役員となつてはならず，又はこれらの団体の構成員となるように，若しくはならないように勧誘運動をしてはならない。
（争議行為等の禁止）
第三十七条　職員は，地方公共団体の機関が代表する使用者としての住民に対して同盟罷業，怠業その他の争議行為をし，又は地方公共団体の機関の活動能率を低下させる怠業的行為をしてはならない。又，何人も，このような違法な行為を企て，又はその遂行を共謀し，そそのかし，若しくはあおつてはならない。
（営利企業等の従事制限）
第三十八条　職員は，任命権者の許可を受けなければ，営利を目的とする私企業を営むことを目的とする会社その他の団体の役員その他人事委員会規則（人事委員会を置かない地方公共団体においては，地方公共団体の規則）で定める地位を兼ね，若しくは自ら営利を目的とする私企業を営み，又は報酬を得ていかなる事業若しくは事務にも従事してはならない。

第七節　研修及び勤務成績の評定
（研修）
第三十九条　職員には，その勤務能率の発揮及び増進のために，研修を受ける機会が与えられなければならない。
（勤務成績の評定）
第四十条　任命権者は，職員の執務について定期的に勤務成績の評定を行い，その評定の結果に応じた措置を講じなければならない。

Ⅷ. 教育公務員特例法

教育公務員特例法（抄）（1949年1月12日法律第1号）
　　　　　最終改正：2015年6月24日法律第46号

第二節　大学以外の公立学校の校長及び教員
第三章　服務
（兼職及び他の事業等の従事）
第十七条　教育公務員は，教育に関する他の職を兼ね，又は教育に関する他の事業若しくは事務に従事することが本務の遂行に支障がないと任命権者（地方教育行政の組織及び運営に関する法律第三十七条第一項に規定する県費負担教職員については，市町村（特別区を含む。以下同じ。）の教育委員会。第二十三条第二項及び第二十四条第二項において同じ。）において認める場合には，給与を受け，又は受けないで，その職を兼ね，又はその事業若しくは事務に従事することができる。
2　前項の場合においては，地方公務員法第三十八条第二項の規定により人事委員会が定める許可の基準によることを要しない。
（公立学校の教育公務員の政治的行為の制限）
第十八条　公立学校の教育公務員の政治的行為の制限については，当分の間，地方公務員法第三十六条の規定にかかわらず，国家公務員の例による。
2　前項の規定は，政治的行為の制限に違反した者の処罰につき国家公務員法（昭和二十二年法律第百二十号）第百十条第一項の例による趣旨を含むものと解してはならない。
（大学の学長，教員及び部局長の服務）
第十九条～第二十条
（略）
第四章　研修
（研修）
第二十一条　教育公務員は，その職責を遂行するために，絶えず研究と修養に努めなければならない。
2　教育公務員の任命権者は，教育公務員の研修について，それに要する施設，研修を奨励するための方途その他研修に関する計画を樹立し，その実施に努めなければならない。
（研修の機会）
第二十二条　教育公務員には，研修を受ける機会が与えられなければならない。
2　教員は，授業に支障のない限り，本属長の承認を受けて，勤務場所を離れて研修を行うことができる。

3　教育公務員は，任命権者の定めるところにより，現職のままで，長期にわたる研修を受けることができる。
（初任者研修）
第二十三条　公立の小学校等の教諭等の任命権者は，当該教諭等（政令で指定する者を除く。）に対して，その採用の日から一年間の教諭又は保育教諭の職務の遂行に必要な事項に関する実践的な研修（以下「初任者研修」という。）を実施しなければならない。
2　任命権者は，初任者研修を受ける者（次項において「初任者」という。）の所属する学校の副校長，教頭，主幹教諭（養護又は栄養の指導及び管理をつかさどる主幹教諭を除く。），指導教諭，教諭，主幹保育教諭，指導保育教諭，保育教諭又は講師のうちから，指導教員を命じるものとする。
3　指導教員は，初任者に対して教諭又は保育教諭の職務の遂行に必要な事項について指導及び助言を行うものとする。
（十年経験者研修）
第二十四条　公立の小学校等の教諭等の任命権者は，当該教諭等に対して，その在職期間（公立学校以外の小学校等の教諭等としての在職期間を含む。）が十年（特別の事情がある場合には，十年を標準として任命権者が定める年数）に達した後相当の期間内に，個々の能力，適性等に応じて，教諭等としての資質の向上を図るために必要な事項に関する研修（以下「十年経験者研修」という。）を実施しなければならない。
2　任命権者は，十年経験者研修を実施するに当たり，十年経験者研修を受ける者の能力，適性等について評価を行い，その結果に基づき，当該者ごとに十年経験者研修に関する計画書を作成しなければならない。
3　第一項に規定する在職期間の計算方法，十年経験者研修を実施する期間その他十年経験者研修の実施に関し必要な事項は，政令で定める。
（研修計画の体系的な樹立）
第二十五条　任命権者が定める初任者研修及び十年経験者研修に関する計画は，教員の経験に応じて実施する体系的な研修の一環をなすものとして樹立されなければならない。
（指導改善研修）
第二十五条の二　公立の小学校等の教諭等の任命権者は，児童，生徒又は幼児（以下「児童等」という。）に対する指導が不適切であると認定した教諭等に対して，その能力，適性等に応じて，当該指導の改善を図るために必要な事項に関する研修（以下「指導改善研修」という。）を実施しなければならない。

（指導改善研修後の措置）
第二十五条の三　任命権者は，前条第四項の認定において指導の改善が不十分でなお児童等に対する指導を適切に行うことができないと認める教諭等に対して，免職その他の必要な措置を講ずるものとする。

第五章　大学院修学休業
（大学院修学休業の許可及びその要件等）
第二十六条　公立の小学校等の主幹教諭，指導教諭，教諭，養護教諭，栄養教諭，主幹保育教諭，指導保育教諭，保育教諭又は講師（以下「主幹教諭等」という。）で次の各号のいずれにも該当するものは，任命権者の許可を受けて，三年を超えない範囲内で年を単位として定める期間，大学（短期大学を除く。）の大学院の課程若しくは専攻科の課程又はこれらの課程に相当する外国の大学の課程（次項及び第二十八条第二項において「大学院の課程等」という。）に在学してその課程を履修するための休業（以下「大学院修学休業」という。）をすることができる。

（大学院修学休業の効果）
第二十七条　大学院修学休業をしている主幹教諭等は，地方公務員としての身分を保有するが，職務に従事しない。
2　大学院修学休業をしている期間については，給与を支給しない。

（大学院修学休業の許可の失効等）
第二十八条　大学院修学休業の許可は，当該大学院修学休業をしている主幹教諭等が休職又は停職の処分を受けた場合には，その効力を失う。

索　引

あ行

愛国心　30
ICT　36
アクティブ・ラーニング　ii,36,45,112
アジア　6,129
アジア諸国　13,44,155
新しい学力観　68
アネッタ・ゴフ　91
ESD（持続可能な開発のための教育）　9,30,54,70,
　83,94,109,145,146,161
ESD カレンダー　9,10,74
ESD 国際実施計画　8
ESD の 10 年（国連 ESD の 10 年）　8,9,70,109
生きる力　42,65,82,129,140
イリイチ, I.　119
"in" "about" "for"　93
インターネット　36
インフュージョン・アプローチ　72
with　91
英語　46
エコ・フェミニズム　90
SDG's　109
NPO 開発教育協会（DEAR）　111
エネルギー循環型　10
OECD　ii,70,78,98
落ちこぼれ　41
オルゼン, G.　137

か行

外国人　44
改正教育基本法　29,144
開発教育　12,61,72
開放制の教員養成　3,103
科学的リテラシー　80
学際的　8
学習　8,16,36
学習計画　56,57
学習権　39
学校支援地域本部　144
学習指導要領　ii,9,37,60,63,94,115,128,140,156
学習者主体　40
学習主体　16,31

学習組織　31
学習内容　31,32,56,93
学習方法　31
学力低下　41,78
学力低下論争　65
学力／能力　78
河川　20,38
課題解決型授業　36
学校教育法　28,62,83,115,168
学校教育法施行規則　171
学校教育法施行令　170
学校支援ボランティア　144
学校づくりの教育哲学　127
学校と地域の連携　140
勝田守一　79
家庭科　60,88
家庭・学校・地域の連携　144
ガバナンス　27
カリキュラム　5,56,141
カリキュラムづくりを行う　76
考える力　48
環境　6,8,17,25,29,32,37
環境科　72
環境基本法　7,31
環境教育　10,12,61,71,78,90
環境教育指導資料　71,128
環境教育促進法　31,32,90
環境保全　29
環境問題の解決　31
関心・意欲・態度　42,68
気候変動　6,7,8,146
キーコンピテンシー　70,78
基礎学力　41,79
基本的人権　40
虐待　38
キャリア教育　139
キャロル・ギリガン　86
キャンディ・チャート　49
教育　8,16,17,36
教育委員会　28,33,64
教育課程　56,78
教育観　5,6,13,107

教育技術　36
教育基本法　7,14,31,32,94,105,166
教育基本法改定　7,8
教育行政　31,35
教育共同体　27,25,30,31
教育公務員特例法　178
教育再生　30
教育システム　31
教育主体　16
教育職員免許法　1,2,101
教育振興基本計画　9,30,162
教育政策　155
教育勅語　102
教育内容（教育の内容）　26,56,115
教育の現代化　65
教育の法制度　26
教育の目的　教育の歴史　20
教育方法（教育の方法）　ii,12,26,36
教育目標（教育の目標）　29,30,32,94
教員の地位に関する勧告　105
教科　58,78,89
教具　36
教材　36
教師　27,36
教師の労働時間　99
協同／協働　13
グリーン　6,7,10
グローバリゼーション（グローバライゼーション）
　23,36,108
グローバル　6,7,10,42,68,78,104
クロスカリキュラム　61,73,83
ケア（Care）　10,11,78,85
経験主義　43,59
経済（経済成長）　8,23,42,79
系統主義　43,58
研究　155
謙虚さ　122
原発　31
権利　22,40
コアカリキュラム　61
公害　24,25,89,90
公害教育　71
構成主義の思想　45
高度経済成長　140
公民科　60

高齢者　10
国語　38
国際教員指導環境調査　98
国際理解（国際理解教育）　37,72,74
国民主権　28,41
国連持続可能な開発会議　7
コミュニケーション　19,27,38,130
コミュニティ　11,22,130,135
コミュニティ・スクール　137
孤立化　38

さ行
佐藤学　12,79,105,120
サブカルチャー　131
参加　8,13,54
参加型学習　54
算数　60
GAP　146
ジェンダー　8,78
ジェンダー・エンパワーメント　89
ジェンダー開発指数　89
自己肯定感　52
自然　17,25,29
自然・環境　16,18-20,23,26,30,31
自然破壊　24
自然保護　24,29
持続可能性　iii,6,8,11,12,74,128
持続可能な開発　8,108
持続可能な社会　ii,9,10,30,71,73,83,154
持続可能な未来（持続可能な未来のための教育）　iii,
　3-7,9-11,13,14,20,29-31,35,72,78,83,98,117
持続不可能　99
自治体　31,32
実践　155
自発的服従　30
師範学校　102
社会　8,11,19,23,30,79,99
社会科　38,61
主権在民　22
主権者　30,54
受験戦争　41
主体　16,18,26,42
主体者　36
主体的　93
習得→活用→探究　43,70

索　引　181

障害　44
消費者教育　12,90
消滅可能性都市　124
人格　14-16,21,39,95
新教育運動　102,118
シンキングツール　48
人権　7,8,28,39,109
人口減少社会　23,25
人材　38,140
人財　11
身体性　48
森林　20
数学　38,44,56
数学的リテラシー　80
生活科　61,92,140
生活綴方教育　41
成長・発達　16-18,35
生物多様性　6,7
生命　7,29
生命尊重　29
世界観　5,116,127
世界人権宣言　39
全国学力・学習状況調査　36,80
全国学力テスト　99
先住民族　6
センス・オブ・ワンダー　94
戦争　7,40
戦争放棄　28,41
専門職　105,157
専門職業人　4
総合的な学習の時間（総合的な学習）　10,12,42,65,83,93,128,140
疎外　38

た行
体育科　44
大学における教員養成　3,103
体験　51,68,82
卓越性　44,122
確かな学力　82
タブレット端末　46
多文化共生　131
多様性　133
多様な価値観　42
探究的な学習　42,70,93

男女間格差に関する指数　89
地域　8,11,30,33,42
地域教育協議会　144
地域コーディネーター　144
地域社会　135,154
地域の教育力　144
地球温暖化　23
知識基盤社会　37,69,80,106
知識教授型授業　36
知識構成型ジグソー法　50
知識・理解・技能　42
父親の会（おやじの会）　141
地方教育行政の組織及び運営に関する法律（地方教育行政法）　31,33,174
地方公務員法　176
中央教育審議会　ii,45,63,93,154
地理総合　iii
地理歴史科　60
低炭素　10
デジタル教材　46
デューイ, J.　41,59,92,118
電子黒板　46
道徳　65
同僚性　120
特別活動　62
特別なニーズをもつ子ども　44
途上国　79
読解リテラシー　80
ともに生きる　23

な行
内向化　38
中野民夫　111
日本教職員組合（日教組）　103
日本国憲法　7,28,40,165
日本自然保護協会　24
日本人　6
ネットワーク（ネットワーク化）　6,9,10
ネル・ノディングス　85
農業　19,21,89

は行
はい回る経験主義　41,66
発達段階　58,67
反省的教師　157

反転授業　46
万人のための教育　40
PTA　141
東日本大震災　25
PISA（PISAショック）　36,65,70,78,128
批判的思考　8
貧困（貧困層）　37,88,107
貧困率　25,26,38
ファシリテーター　36,111
福島第一原発事故　159
不登校　38,68,119
不当な支配　29
ブルーナー, J.　67
フレイレ, P.　107,119
プロジェクト学習　36
プロジェクト型　45,51
文化（文化的）　6,8,40,135
紛争　37
平和　6,7,8,74,109
平和教育　37
保健体育科　60
ボーボワール　87
ホールスクールアプローチ　74

ま行

マッキーヴァー　136
学びの共同体　12,44,120

水俣（水俣病）　24,25
民間教育団体　44
モンスターペアレント　99
問題解決　8
問題解決学習　59,73,94,118
文部科学省（文科省：文部省）　3,28,32,63,80,104,
　115,144

や行

ゆとり教育　42,65,78,128
ユニバーサルデザイン　44
ユネスコ　39
ユネスコスクール　9,71,145
よく生きる（＝well-being）　11

ら行

理科　38
領域　62
ルソー　87
歴史総合　iii
ローカル　10,104

わ行

Yチャート　49
ワークショップ　36
ワークライフバランス　139

［監 修］

諏訪　哲郎（すわ　てつお）

1949年宮崎県生まれ。学習院大学文学部教育学科主任。東京大学理学系大学院修士課程修了。理学博士。日本環境教育学会会長，日中韓環境教育協力会代表

主な著書・論文：『持続可能性の教育』（共編著：教育出版，2015年），『環境教育辞典』（編集：教育出版，2013年），『沸騰する中国の教育改革』（編著：東方書店，2008年），『加速化するアジアの教育改革』（編著：東方書店，2005年），「『環境教育の教科化』をめぐる状況とさまざまな課題」（単著：『環境教育』第24巻1号，2014年）など

［編 著］

降旗　信一（ふりはた　しんいち）

1962年東京都生まれ。東京農工大学農学部准教授。東京農工大学大学院博士後期課程修了。博士（学術）。社団法人日本ネイチャーゲーム協会理事長，鹿児島大学産学官連携推進機構特任准教授を経て現職

主な著書・論文：『ESD（持続可能な開発のための教育）と自然体験学習―サステイナブル社会の教職教育に向けて―』（単著：風間書房，2014年），『現代自然体験学習の成立と発展』（単著：風間書房，2012年），『現代環境教育入門』（共編著：筑波書房，2009年），『自然体験学習論―豊かな自然体験学習と子どもの未来』（共編著：高文堂出版社，2006年），「公害教育における自然体験学習―水俣公害教育史における自然体験学習の成立期を探る―」（単著：『環境教育』第25巻2号，2015）など

小玉　敏也（こだま　としや）

1961年福井県生まれ。麻布大学生命・環境科学部教授。立教大学大学院博士後期課程修了。博士（異文化コミュニケーション学）。埼玉県公立小学校，東京農工大学非常勤講師を経て現職

主な著書・論文：『学校での環境教育における「参加型学習」の研究』（単著：風間書房，2014年），『学校環境教育論』（編著：筑波書房，2010年），『開発教育から実践するESDカリキュラム』（共著：学文社，2010年），「学校ESD実践における『能力育成論』の考察」（単著：『環境教育』第25巻1号，2015年），「霞ヶ浦流域地域における学校を拠点としたESD実践の考察：牛久市神谷小学校の授業事例の分析を中心に」（単著：『環境教育』第19巻1号，2009）など

持続可能な未来のための教職論

2016年3月7日　第1版第1刷発行

監修　諏訪哲郎
編著　降旗信一・小玉敏也

発行者　田中　千津子　　〒153-0064　東京都目黒区下目黒3-6-1
　　　　　　　　　　　　電話　03（3715）1501 代
発行所　株式会社　学文社　　FAX　03（3715）2012
　　　　　　　　　　　　http://www.gakubunsha.com

© Tetsuo SUWA／Shinichi FURIHATA／Toshiya KODAMA 2016
印刷　亜細亜印刷

乱丁・落丁の場合は本社でお取替えします。
定価は売上カード，カバーに表示。

ISBN 978-4-7620-2581-5